SCRABBLE®

Karin Spitzing

Das weltbekannte Kreuzwortspiel

SCRABBLE®

Aktuelle Regeln – außergewöhnliche Kombinationen

Die Deutsche Bibliothek – CIP-Einheitsaufnahme

Spitzing, Karin:
Das weltbekannte Kreuzwortspiel SCRABBLE : aktuelle Regeln – aussergewöhnliche Kombinationen / Karin Spitzing. – Niedernhausen/Ts. : FALKEN, 1991
(FALKEN Bücherei)
ISBN 3-8068-2040-6

ISBN 3 8068 2040 6

Titelbild: Peter Pinzer, Niedernhausen

Satz: O.K.-Werbung GmbH, Friedrichsdorf/Ts.
Druck: Graphischer Großbetrieb Pößneck GmbH
Ein Mohndruck-Betrieb
817 2635 4453 6271

Inhalt

Vorwort

SCRABBLE ist ein wundervolles Spiel, für mich das schönste überhaupt. Es erfordert Kombinationsgabe, vorausschauendes strategisches Planen und vor allem sprachliche Flexibilität.

Es bereitet größtes Vergnügen, mit jemandem zu spielen, der genausoviel Freude daran hat wie man selbst und der die Regeln auch wirklich beherrscht; und es kann zur wahren Tortur werden, mit jemandem spielen zu müssen, der die SCRABBLE-Regeln nicht kennt (obwohl er davon überzeugt ist, sie zu kennen), wie ein Stümper spielt, dafür aber wie ein Weltmeister mekkert. Sicherlich, die knappe Sprache der dem Spiel beigegebenen offiziellen SCRABBLE-Regeln mag auf Anhieb schwer zu verstehen sein, häufiger aber werden die Regeln gar nicht erst zu Rate gezogen, da man glaubt, sie bereits zu kennen. Weil SCRABBLE oft als Kreuzwortspiel bezeichnet wird, setzen viele Spieler es mit dem Kreuzworträtsel gleich und meinen daher, es nach diesem Muster spielen zu können.

Dieses einengende Vorurteil, das dem Spiel seinen speziellen Reiz vollständig raubt, sitzt so tief, daß es nur schwer zu korrigieren ist. Es wirkt sich wie eine Hemmschwelle aus – aufgebaut aus Trotz, Bequemlichkeit und der Furcht, nicht mithalten zu können – und hindert zahlreiche Spieler (nicht nur Anfänger!) daran, den entscheidenden Schritt zu wagen und SCRABBLE so zu spielen, wie man es sollte! Dabei gehört gar kein besonderer Mut dazu, SCRABBLE **richtig** zu spielen. Sind nämlich die nötige Begeisterung und der Wille vorhanden, sich mit den Regeln ein wenig auseinanderzusetzen, so ist der Weg zum guten SCRABBLE-Spieler bereitet.

Ich hoffe, mein Buch kann Sie dazu verführen, in SCRABBLE eines der faszinierendsten Spiele der Welt kennen- und liebenzulernen!

Wie alles anfing

Zauberhafte Spielereien

Ist es nicht merkwürdig – im wahrsten Sinne des Wortes »merkwürdig« –, daß die Ur-Ursprünge des SCRABBLE im Dunkel der Mythen und der Zauberbräuche zu suchen sind? So wie die Jäger des Jungpaläolithikums mit in die Felsen geritzten Bildern jagdbarer Tiere Zauber ausüben wollten, so wie das Aussprechen bestimmter beschwörender Worte geheime Kräfte zum Wirken bringen sollte und auch heute noch soll, so sind eben auch Buchstaben von alters her für magische Handlungen verwendet worden. Aus dem 79 n. Chr. zerstörten Pompeji ist uns ein magisches Quadrat überliefert, dessen Ursprung aber noch viel weiter zurückliegt. Dieser sogenannte Abacus enthält eine aus 25 Buchstaben bestehende Zauberformel, die aus fünf fünfbuchstabigen Wörtern gebildet ist.

S	A	T	O	R
A	R	E	P	O
T	E	N	E	T
O	P	E	R	A
R	O	T	A	S

Man kann diesen Text von oben links nach rechts, von unten rechts nach links und auch von links oben nach unten und rechts unten nach oben lesen. Nach neuestem Stand der Forschung lautet der Text auf deutsch: »Sämann Arepo hält mit Mühe die Räder.«

Der tiefere Sinn dieses Satzes ist rätselhaft, nur soviel ist klar: Es muß eine Zauberformel, eine Beschwörungsformel sein! Denn aus genau der gleichen Anzahl von Buchstaben, wie diese sogenannte Sator-Arepo-Formel sie enthält, bildete man im Frühchristentum ein heiliges Kryptogramm, das bis heute als Schutzsymbol gegen Krankheiten, Brand und Hexerei in Gebrauch ist:

					P					
					A					
		A			T			O		
					E					
					R					
P	A	T	E	R	N	O	S	T	E	R
					O					
					S					
		A			T			O		
					E					
					R					

Paternoster ist der Anfang des Vaterunsers, A und O sind die Anfangs- und Endbuchstaben des griechischen Alphabets und das Symbol für Gott.

Warum ich das hier so ausführlich schildere? Weil ich Ihnen einen kleinen Eindruck davon vermitteln möchte, wie man schon immer von der Kraft der Buchstaben und Wörter gefesselt war. Einer Kraft, der wir selbst uns ja auch nicht völlig entziehen können, die uns fasziniert, und sei es auch »nur« im Spiel.

Wortspiele, Rätsel, Anagramme, Scharaden

Spielereien mit Buchstaben, Silben, Wörtern, sie haben den Menschen schon immer in ihren Bann gezogen. Und es ist sicherlich kein Zufall, daß gerade unter denjenigen, die sich intensiv mit der Sprache beschäftigen, nämlich unter Dichtern, Philosophen und Gelehrten, besonders viele anzutreffen sind, denen es nicht nur Freude machte, Schauspiele, Abhandlungen und Traktate zu verfassen, sondern auch, sich dem heiteren Spiel mit Worten zu widmen.

Vom frühchristlichen magischen Quadrat oder Kryptogramm spannt sich der Bogen zwanglos zum Anagramm, bei dem man sich beispielsweise aus den Buchstaben seines Namens ein Pseudonym schuf, das nun ganz gelehrt und griechisch klang, wie etwa im Falle des Barockdichters Kaspar Stieler, der sich Peilkarastres nannte.

Nicht ganz so hochgestochen, aber im Prinzip gleich sind die noch heute gängigen Visitenkartenrätsel, bei denen man durch Umstellen der Buchstaben eines Namens etwa den Beruf des Namensträgers herausfinden soll. Helen Borrier wäre demnach also Oberlehrerin. Es müssen nicht unbedingt Berufe sein, die man da erraten soll, man kann auch Geburtsort, Feriendomizil, Sportarten oder Lieblingsspeisen auf diese Weise verschlüsseln.

»Im Ersten Beten und Singen erklingt;
das Zweite betet, das Ganze singt.«

Das ist eine Scharade von G.Th. Fechner (1801-1887).

Wissen Sie des Rätsels Lösung? Ich will sie Ihnen gerne verraten: Dom-Pfaff!

Das ist schlicht und einfach erklärt das Prinzip der Scharade. Im Biedermeier war sie so beliebt, daß J.P. Hebel in einem Karlsruher Kaffeehaus sogar eine sogenannte »Charaden- und Rätselakademie« gründete, bei der Rätselraten und Spiele im Mittelpunkt der Unterhaltung standen. Man fand Spaß an witzigen Formulierungen, eleganten Wortspielen, brillanten Einfällen. Johann Wolfgang von Goethe und Friedrich von Schiller, Ludwig Uhland und Wilhelm Hauff, Eduard Mörike, Franz Brentano und viele andere mehr, sie alle ergötzten sich an dieser leichten, sprudelnden und doch anspruchsvollen Art der Unterhaltung und hinterließen der Nachwelt auch selbst allerlei Rätsel und Spielideen.

Ich bin fest davon überzeugt, daß – hätte es damals schon SCRABBLE gegeben – sie es allesamt mit Enthusiasmus gespielt hätten. So aber haben sie ihm immerhin als Paten mit auf die Sprünge geholfen!

Wie alles anfing

Kreuzworträtsel

Kreuzworträtselähnliche Spiele hat es schon im 19. Jahrhundert in England gegeben. Richtig an das Licht der Öffentlichkeit aber trat diese Rätselform zuerst am 21. Dezember 1913. Damals nämlich veröffentlichte der Journalist Arthur Winn in der »New York World« ein von ihm selbst erdachtes Kreuzworträtsel.

Eine viel rührendere und ansprechendere Version über die Entstehung des Kreuzworträtsels im Jahre 1915 möchte ich Ihnen aber trotzdem auf keinen Fall vorenthalten. Diese ergreifende Geschichte schildert, wie ein Sträfling des Gefängnisses in Kapstadt/Südafrika namens Viktor Orville, der aufgrund eines selbstverschuldeten Autounfalls einsaß, bei dem seine Frau ums Leben gekommen war, zum Erfinder des Kreuzworträtsels wurde, und zwar auf recht wundersame Weise: Er starrte nämlich wieder einmal vor lauter Verzweiflung und Trauer zu den Gitterstäben seines Zellenfensters empor, als ihm – ob vor Rührung oder Hunger, ist nicht überliefert – die Gitterstäbe vor den Augen zu Karos verschwammen! In diese Karos nun fügte er einfache Wörter ein, die ihm so in den Sinn kamen – und schon war es passiert...

Ob nun von New York oder von Kapstadt aus – eines steht fest: Das Kreuzworträtsel trat dann sehr schnell seinen Siegeszug um die ganze Welt an und ist heute aus unserem Leben nicht mehr wegzudenken.

Ich selbst bin keine besonders engagierte Kreuzworträtsel-Raterin; dann würde es mir eher schon Spaß machen, mir welche auszudenken. Denn was mich an diesen Rätseln stört, ist die Tatsache, daß man darin keinen Spielraum für eigene Ideen und Vorstellungen hat. Alles ist vorgedacht – um nicht zu sagen vorgekaut –, nichts bleibt der eigenen Phantasie überlassen. Und insofern ist das Kreuzworträtsel das genaue Gegenteil des SCRABBLE! Trotzdem ist die Verwandtschaft zwischen beiden auf einigen Gebieten nicht zu übersehen: Da ist erst einmal das in Karos aufgeteilte Spielfeld, und zum zweiten sind es die sich kreuzenden Wörter, wobei sich berührende Buchstaben einen Sinn ergeben müssen. Das sind aber auch schon alle Gemeinsamkeiten, die sich aufzählen lassen.

Die Geschichte des Mister Butts

Wäre damals, Ende der zwanziger Jahre, nicht die Weltwirtschaftskrise über Amerika hereingebrochen und hätte Millionen von Menschen um Arbeit und Brot gebracht, wer weiß, vielleicht wäre es uns heute nicht vergönnt, unser faszinierendes, beglückendes SCRABBLE zu spielen. Denn Mister Alfred Butts, ein junger, hoffnungsvoller Architekt aus New York, hätte womöglich vor lauter Häuserbauen gar nicht Zeit und Muße dazu gefunden, sich auch noch mit dem Erfinden von Spielen zu beschäftigen. So aber – arbeitslos, zur Untätigkeit verurteilt – verlegte er sich darauf, wenn schon nicht als Architekt steinerner Zeugen der Zeit, so doch zumindest als Schöpfer von Gedankenspielgebilden in Erscheinung zu treten.
Und so reifte in ihm der Plan, ein Spiel zu kreieren, das allem bisher Dagewesenen an Originalität und Ideenreichtum die Stirn bieten konnte. Es sollte so packend und faszinierend sein, daß es dem Vergleich mit so beliebten, altehrwürdigen Spielen wie MAJONG oder DOMINO oder mit ganz neuen wie BRIDGE mit Auszeichnung standhalten konnte. Und anders als diese alle sollte es überdies sein. Da plötzlich kam Mister Butts der Gedanke, ein Buchstaben- oder Wortspiel zu entwickeln. Diese Idee gefiel ihm ausnehmend gut, hatte er sich doch schon seit eh und je brennend für Anagramme und Kryptogramme interessiert, und auch der Umgang mit Kreuzworträtseln war ihm wohlvertraut.
Und so machte er sich denn an die selbstgestellte Aufgabe, das – wie er es empfand – Spiel der Spiele zu erfinden. Zwei Jahre lang experimentierte, bastelte, kleisterte und malte er herum, bis er glaubte, es geschafft zu haben. Da war es, fix und fertig, sein besonderes, einmaliges, unverwechselbares Spiel, das Ergebnis vieler schlafloser Nächte und arbeitsreicher Tage. Da war ES! Und genauso nannte er sein neues Spiel auch. ES war wirklich genial und gut, nur – wer merkte das? Alfred Butts fand niemanden, der riskieren wollte, es zu produzieren! Kein Spielehersteller konnte sich mit diesem neuartigen, ungewohnten Typus anfreunden. Manche fanden es zu hochgestochen, andere zu kompliziert und wieder andere zu ungewöhnlich.
Mehr Zeit als für das Austüfteln seines Spiels verwandte Mister Butts nun darauf, einen Abnehmer für sein Wunderkind zu finden – vergebens. Jahrelang machte er immer neue Anläufe, nahm kleine Veränderungen am Spiel vor und entschloß sich sogar, den so anspruchsvollen Namen ES gegen einen marktgängigeren auszutauschen! CRISS-CROSSWORDS (Kreuz-Wörter) sollte das Spiel nun heißen, damit jeder auch gleich wußte, was der Grundgedanke dieses Spiels war. Mister Butts glaubte unverändert fest und standhaft an die Qualität seines Lieblingskindes, es galt eben nur, auch die ande-

ren davon zu überzeugen! Und um das zu erreichen, startete er einen allerletzten, verzweifelten Versuch: Mit Laubsäge, Schere und Buntstiften fertige er eigenhändig fünfzig Exemplare des Spiels an und verschickte sie zum Ausprobieren an Freunde und Bekannte. Vielleicht, daß doch der eine oder andere einen Weg wußte ...? Aber keiner wußte einen. Alles war vergebens gewesen!

Und dann kam ja auch noch der Zweite Weltkrieg.

Mister Brunot schafft den Durchbruch

Würde irgend jemand nach so vielen Jahren der Enttäuschung und der Verbitterung über die Indolenz der Welt noch an so etwas Ähnliches wie ein Wunder glauben? Mister Butts tat es bestimmt nicht! Und daß der Vollbringer dieses Wunders ein bereits pensionierter, Schafe züchtender ehemaliger Beamter des Auswärtigen Amtes in Washington sein könnte, daran hätte er nun schon gar nicht geglaubt! Und doch war es so: Mister Brunot, dem irgendwann einmal im Jahre 1948 eines der von Mister Butts handgefertigten Criss-Crossword-Spiele in die Hände fiel, war überwältigt! So ein phantastisches Spiel, so etwas Bezauberndes, Originelles, Faszinierendes sollte in der Schublade verstauben und verrotten, bloß weil niemand den Mut aufbrachte, seine Produktion zu übernehmen? Ganz abgesehen davon, daß es eine Goldgrube sein könnte?

Wenn kein junger, drahtiger, smarter Manager sich dazu bereit fand, ein bißchen Geld zu investieren, um etwas Besonderes zu schaffen, nun gut, dann wollte er, Mister Brunot, der des Schafezüchtens überdrüssige Pensionär es tun! Er setzte sich mit Alfred Butts in Verbindung und machte sich unverzüglich an die Produktion des Spiels. Die notwendigen Einzelteile bezog er von verschiedenen kleinen Lieferanten und stellte die fertigen Spiele zusammen mit seiner Frau in seinem Haus in Newton, Connecticut, her, 75 Meilen nördlich von New York. Das Jahr 1948 kann also als das Schicksalsjahr dieses Spiels angesehen werden, denn nicht nur mit der ersten wirklich kommerziellen Produktion wurde damals begonnen, nein, darüber hinaus geschah noch etwas ganz besonders Entscheidendes: Das »Kind« bekam seinen endgültigen, unverwechselbaren und für uns heute fast schon legendären Namen: SCRABBLE.

Was dieser Name bedeutet? »To scrabble« heißt »kratzen, scharren« und bezieht sich demnach auf das Heraussuchen der Spielsteine, die man entweder auf dem Tisch ausgebreitet oder im Säckchen verstaut hat. Wer auch immer diese zündende Namensidee für sich in Anspruch nehmen kann, hat damit einen nicht zu unterschätzenden Beitrag zum phänomenalen Siegeszug geleistet, den dieses Spiel bald um die ganze Welt antreten sollte! Allerdings – anfangs war von Verkaufserfolg und weltweiter Verbreitung sehr sehr wenig zu spüren. Ganze 2251 Spiele verkauften die Brunots 1949 und mußten 450 Dollar Verlust hinnehmen. Und in den darauffolgenden Jahren war es auch nicht besser. Der Durchbruch kam erst nach drei Jahren, 1952, dann aber mit Vehemenz und unaufhaltsam! Die Verkaufszahlen für Amerika gingen in die Millionen!

SCRABBLE, das weltweite Spiel

Mister Butts hatte eigentlich immer gespürt, wie gut sein Spiel war, es aber nicht für möglich gehalten, daß dieses für die englische Sprache konzipierte Wörterspiel sich weltweit derart stark verbreiten lassen würde. Man spielt SCRABBLE in Dänemark und Frankreich, in Griechenland und Rußland, in Italien und Grönland, in Ägypten, Israel, Indonesien, Afrika, Indien und Australien sowie in zahlreichen anderen Ländern. Natürlich mit den der jeweiligen Sprache entsprechenden Buchstabenverteilungen und den angemessenen Bewertungen. Gleich bleiben in all diesen vielen Sprachen jedoch die Anzahl der Buchstaben mit 100 Steinen sowie die Standardregeln.

In dieser Hinsicht allerdings nahm das deutsche SCRABBLE lange Jahre eine Ausnahmestellung ein; man spielte mit mehr Steinen und nach modifizierten Regeln.

Im Jahre 1989 hat man das geändert – heute wird auch in Deutschland SCRABBLE-Original vertrieben und gespielt, so wie es auf der ganzen Welt bekannt ist.

SCRABBLE-Zubehör

Das Spielbrett

Das SCRABBLE-Brett ist aufgeteilt in 15 mal 15 – also insgesamt 225 – rechteckige Felder, die an den Rändern waagerecht in A bis O und senkrecht in 1 bis 15 eingeteilt sind. Ein Schachbrett umfaßt – nur des Vergleiches halber – lediglich 8 mal 8, also 64 Felder, und somit nur etwas mehr als ein Viertel der SCRABBLE-Spielfelder. Als Mister Alfred Butts, der »Vater« des SCRABBLE, damals in New York aus alten Schachbrettern das SCRABBLE-Brett konzipierte, klebte er vier Schachbretter an den jeweils äußeren Karoreihen so zusammen, daß wiederum ein Schachbrettmuster entstand. Es hatte 15 mal 15 Felder, denn eine Reihe in der Waagerechten und eine in der Senkrechten war ja durch das Überkleben verlorengegangen.
Am Schnittpunkt dieser vier Schachbretter, also genau in der Mitte, hatte Mister Butts dann den Stern angebracht, von dem aus sich die Felder mit den besonderen Prämien strahlenförmig über das Spielbrett verteilen!

Auf dem SCRABBLE-Spielbrett befinden sich:

24 hellblaue Felder, sie erbringen
doppelten Buchstabenwert

12 dunkelblaue Felder, sie erbringen
dreifachen Buchstabenwert

16 rosa Felder + Stern, sie erbringen
doppelten Wortwert

8 dunkelrote Felder, sie erbringen
dreifachen Wortwert

Die Felder für doppelten und die für dreifachen Buchstabenwert sind gleichmäßig über das ganze Spielbrett verteilt und somit sehr leicht zu erreichen; die Felder für doppelten Wortwert sind vom Start-Mittelpunkt etwas weiter entfernt und nicht ganz so einfach anzusteuern, während die kräftig roten Felder, die uns dreifachen Wortwert bescheren, ganz an der Peripherie des Spielbrettes zu finden sind, wohin man nicht gar so leicht gelangen kann.

Innerhalb eines gelegten Wortes kann man die beiden Prämiengruppen summieren:

doppelten Buchstabenwert
+ doppelten Buchstabenwert
dreifachen Buchstabenwert
+ dreifachen Buchstabenwert
doppelten Wortwert
+ doppelten Wortwert
dreifachen Wortwert
+ dreifachen Wortwert

und man kann kombinieren:

doppelten Buchstabenwert
+ doppelten Wortwert
dreifachen Buchstabenwert
+ doppelten Wortwert
doppelten Buchstabenwert
+ dreifachen Wortwert

Und dann gibt es eine letzte Möglichkeit , die aber nur in der Theorie oder in gestellten Denkaufgaben realisierbar ist, nämlich:

dreifacher Wortwert
+ dreifacher Wortwert
+ dreifacher Wortwert

Vielleicht können Sie schon aus dieser summarischen Aufstellung eines erkennen: Spielverlauf und Spieltaktik hängen ganz entscheidend mit diesen Prämienfeldern zusammen, sie bestimmen das Spielgeschehen in ganz gravierendem Maße.

Die Buchstaben

Das zweite wichtige – ich möchte sagen das wichtigste – Spielelement beim SCRABBLE sind die Buchstaben! Ist das Brett die Arena, die mit ihren verschieden hoch bewerteten Prämienfeldern den Spielverlauf entscheidend beeinflußt, so sind die Buchstaben unsere Mannschaft, die wir überlegt oder klug, langweilig oder raffiniert, defensiv oder offensiv in diesem Turnier agieren lassen können. Die Buchstaben erst erfüllen das Spiel mit Leben und Spannung, von ihrer gekonnten und souveränen Handhabung hängt der gesamte Fortgang des Spieles ab.
Um etwas zu begreifen – das heißt, es richtig »in den Griff zu bekommen« –, muß man es zuerst einmal kennenlernen! Deshalb sollte sich meiner Meinung nach jeder, der ein sehr guter SCRABBLE-Spieler werden möchte, darüber klarwerden, nach welchem Prinzip Anzahl und Bewertung der Buchsta-

Buchstaben	Anzahl	Wert
A	5	1
Ä	1	6
B	2	3
C	2	4
D	4	1
E	15	1
F	2	4
G	3	2
H	4	2
I	6	1
J	1	6
K	2	4
L	3	2
M	4	3
N	9	1
O	3	2
Ö	1	8
P	1	4
Q	1	10
R	6	1
S	7	1
T	6	1
U	6	1
Ü	1	6
V	1	6
W	1	3
X	1	8
Y	1	10
Z	1	3
Blanko	2	0

Diese Übersicht gibt Aufschluß über Anzahl und Wert der SCRABBLE-Buchstaben.

ben angelegt sind und wie sich diese Werte zueinander verhalten.
Am einfachsten kann man das anhand der Tabelle auf S. 15 erläutern:
Vermissen Sie vielleicht das ß? Es wird beim SCRABBLE der besseren Spielbarkeit halber durch ein SS ersetzt.
Die Umlaute Ä, Ö und Ü, die im SCRABBLE als gesonderte, selbständige Buchstaben geführt werden, dürfen nicht noch zusätzlich durch Legen von AE, OE oder UE ersetzt werden! Diese Spielweise wird zwar auch von erfahrenen Spielern immer wieder praktiziert, ist aber absolut unzulässig und ein grober Fehler!
Sollten Sie noch im Besitz eines älteren SCRABBLE-Spiels sein, so werden Sie feststellen, daß sich sowohl die Anzahl als auch die Werte der darin enthaltenen Buchstaben von den hier genannten unterscheiden, denn das deutsche SCRABBLE wurde 1989 an den internationalen Standard angeglichen. Man bezeichnet es seitdem als SCRABBLE-Original.
Doch zurück zur Tabelle:
Ich habe mit den darin vorkommenden Zahlen ein wenig herumgerechnet und dabei festgestellt, daß sich – einschließlich der beiden Blankosteine oder Joker – insgesamt 102 Steine im Spiel befinden. Diese 102 Steine haben einen Gesamtwert von 202 Punkten; demnach entfielen also, rein rechnerisch gesehen, auf jeden Spieler 101 Punkte!

Wie viele Punkte aber kommen überhaupt bei einer Partie SCRABBLE zustande?
Geht man von zwei Spielern aus, so rechnet man für ein

mittelmäßiges Spiel	450 bis 500 Punkte
besseres Spiel	etwa 600 Punkte
gutes Spiel	etwa 700 Punkte
sehr gutes Spiel	etwa 800 Punkte
hervorragendes Spiel	über 800 Punkte

Wohlgemerkt, es handelt sich dabei um die Punkte, die beide Spieler gemeinsam erbringen! (Beim Spiel zu dritt oder viert liegen die Werte etwas höher, aber nicht sehr viel!) Bei einer sehr guten Partie kann es durchaus passieren, daß der eine Teilnehmer »nur« 350 Punkte aufweisen kann, der andere hingegen stolze 450 auf seinem Punktekonto stehen hat. In einem solchen Falle haben beide Hervorragendes geleistet, denn schon allein das hohe Gesamtergebnis von 800 beweist, daß es ein offenes, faires und erfreuliches Spiel gewesen sein muß, bei dem Gewinner und Verlierer ganz bestimmt auf ihre Kosten gekommen sind.
Mit den Buchstaben, dem Spielkapital, sollten Sie nicht nur klug umgehen. »Wuchern« Sie mit diesem »Pfund«, setzen Sie es so ein, daß es sich vermehrt! Wenn jeder Spieler im Verlaufe einer Partie SCRABBLE insgesamt mit ungefähr 101 Buchstabenpunkten rechnen kann, so muß er versuchen, die ihm zur Verfügung stehenden Buchstaben so zu

plazieren, daß ihr Wert zunimmt. Und die Steigerung eines hohen Buchstabenwertes bringt selbstverständlich mehr ein als die eines niedrigeren.

Nach welchem Prinzip aber wurde die Bewertung der einzelnen Buchstaben vorgenommen? Diese Frage ist einfach zu beantworten: Je seltener und je schwieriger im Gebrauch ein Buchstabe, desto mehr ist er wert, je häufiger und in der Verwendung unkomplizierter, desto weniger Punkte bringt er ein.

So haben zum Beispiel das Y und das Q, Spitzenreiter in puncto Schwierigkeitsgrad, auch die stattliche Zahl von 10 Punkten anzubieten! Das J und das Ü, jedes 6 Punkte wert, gehören zur gehobenen Mittelklasse, während Buchstaben wie etwa das M oder das B mit je 3 Punkten mit zu den beliebtesten Buchstaben im SCRABBLE gehören, weil sie einerseits nicht schwer zu spielen sind und andererseits doch allerhand Pünktchen bringen – besonders dann, wenn man sie verdoppeln oder gar verdreifachen kann.

Ja, und dann gibt es da noch das Fußvolk unter den Lettern, die vielen, vielen Einserwerte! Sie treten in Scharen auf, sind pflegeleicht im Gebrauch, aber halt arme Schlucker!

Irgendwie kommt mir dieser Aufbau sehr logisch vor! Finden Sie nicht auch? Aber ... warum gibt es ausgerechnet 15 E? Um diese Frage besser beantworten zu können, habe ich mir aus einem Lehrbuch der Informationstheorie (W. Meyer-Eppler: Grundlagen und Anwendungen der Informationstheorie, Springer Verlag 1969) eine Statistik herausgesucht über die Häufigkeit des Vorkommens der einzelnen Buchstaben des Alphabets in der deutschen Sprache. Diese Zahlen finden Sie in der zweiten Spalte der Tabelle auf S. 18. In der dritten Spalte ist die tatsächliche Anzahl der für jeden Buchstaben vorhandenen Spielsteine vermerkt.

Da unser SCRABBLE – ohne die beiden Joker – aus genau 100 Steinen besteht, drängt sich ein unmittelbarer Vergleich zwischen den statistischen Prozentwerten und der Anzahl der Buchstaben im SCRABBLE buchstäblich auf.

Schon ein flüchtiger Blick auf die beiden mittleren Zahlenkolonnen zeigt ein großes Maß an Übereinstimmung. Diese Entsprechungen sind keineswegs rein zufällig, vielmehr hat man beim Erstellen des SCRABBLE-Buchstabensatzes ganz bewußt die statistischen Daten zum tragenden Gerüst des gesamten Systems gemacht.

Eine völlige Übereinstimmung konnte es aber aus mehreren Gründen nicht geben. Zunächst einmal tauchten Probleme in der praktischen Umsetzung auf, und zwar rein rechnerisch:

- Acht Buchstaben – nämlich V, F, K, P, J, X, Q und Y – werden in der Statistik mit weniger als 1 Prozentpunkt geführt, während diese Buchstaben im SCRABBLE-Satz natürlich für 1 ganzen Punkt stehen.

Buchstaben	Häufigkeit in der deutschen Sprache in Prozenten	Anzahl im SCRABBLE	Wertung im SCRABBLE
E	16,83	15	1
N	10,10	9	1
S	7,55	7	1
I	7,34	6	1
R	7,27	6	1
A	6,42	5	1
D	6,38	4	1
T	6,26	6	1
U	4,33	6	1
H	4,22	4	2
L	4,03	3	2
C	2,98	2	4
G	2,76	3	2
O	2,47	3	2
M	2,01	4	3
B	1,61	2	3
W	1,32	1	3
Z	1,07	1	3
V	0,92	1	6
F	0,91	2	4
K	0,83	2	4
P	0,78	1	4
J	0,33	1	6
X	0,09	1	8
Q	0,06	1	10
Y	0,00	1	10

Anhand dieser Übersicht können Sie einen Vergleich anstellen: Die Häufigkeit der Buchstaben in der deutschen Sprache und im SCRABBLE.

• Umlaute, die im Spiel durch die Schriftzeichen Ä, Ö und Ü repräsentiert werden, sind in der Statistik nicht vertreten, sie sind vielmehr bei den Buchstaben A, E, O und U »untergeschlüpft«. Im SCRABBLE ist die Wiedergabe von Umlauten in der Schreibweise AE, OE und UE nicht zulässig!

Ein weiterer und noch ausschlaggebenderer Grund für gewisse Abweichungen des SCRABBLE-Buchstabensatzes von den Vorgaben der Statistik liegt darin, daß zwischen den wissenschaftlichen Ergebnissen und den praktischen Bedürfnissen der Spieler doch Unterschiede bestehen. Nach einer langen Reihe von Testspielen mit wechselnden Buchstabenzusammensetzungen stellte man nämlich fest, daß für die Gewährleistung eines optimalen Spielablaufs gewisse Nachbesserungen – Reduzierungen da, Aufstokkungen dort – erforderlich waren.

Nebenbei sei hier noch erwähnt, daß auch die Bewertung der einzelnen Buchstaben nicht ausschließlich nach Kriterien ihrer statistischen Häufigkeit vorgenommen werden durfte.

Eine kleine Tabelle über die Buchstabenverteilung befindet sich auch auf dem Ihrem Spiel beigegebenen SCRABBLE-Block. In erster Linie ist diese Aufstellung dafür bestimmt, daß die Teilnehmer vor Beginn einer Runde anhand der Tabelle nachzählen können, ob noch alle Steine vorhanden sind oder ob nicht etwa eines sich klammheimlich aus dem Staube gemacht hat! Und wenn Sie jetzt einwerfen: »Wer zählt denn schon jedesmal die Steine nach, bevor er zu spielen beginnt!?«, dann haben Sie natürlich recht! Man tut es gewöhnlich nur vor Turnieren beziehungsweise kleineren Freundschaftskämpfen zwischen SCRABBLE-Clubs oder -Gruppen.

Andererseits kann es aber auch nichts schaden, wenn man ab und zu den Bestand seiner Steinchen nachkontrolliert. Sollte wirklich einmal ein Buchstabe verlorengegangen sein, so können Sie ihn unter Zuhilfenahme eines der überzähligen Blankosteine ersetzen, indem Sie den fehlenden Buchstaben einfach aufmalen.

Ist Ihrem Buchstabenbestand jedoch ein größeres Unglück zugestoßen, zum Beispiel in Gestalt eines knabberwütigen Pudelchens, das Ihre Steinchen mit knackigem Hundekuchen verwechselt hat, oder eines cholerischen SCRABBLE-Spielers, der aus lauter Verzweiflung über ein vermasseltes Wort gleich eine Handvoll Buchstaben-Steinchen als Wurfgeschosse benutzt hatte, die danach nie mehr vollzählig aufzutreiben waren, dann dürfen Sie sich hilfeheischend an die Jumbo Vertriebs GmbH, Reidemeierstraße 3 in 5974 Herscheid wenden.

Das SCRABBLE-Säckchen

In den Anfängen des SCRABBLE benutzte man noch keine Säckchen, aus denen man

die Spielsteinchen ziehen konnte. Man legte diese vielmehr – ähnlich wie beim Domino – mit dem Buchstaben nach unten auf den Tisch, mischte sie vorsichtig und zog sich dann seine Steine. Das erwies sich aber als nicht besonders zweckmäßig, und der Hersteller entschied sich für das praktische Säckchen.
Heutzutage liegt dem Spiel ein Stoffsäckchen bei, das, wie ich doch hoffen möchte, so stabil ist, daß es nicht gleich nach den ersten zehn Partien zu fusseln anfängt und nach zwanzig das erste Löchlein erscheint. Als ich mit SCRABBLE anfing, gab es als Zubehör ein Plastiksäckchen, das sofort anfing, sich aufzulösen. Man war also genötigt, für ein neues zu sorgen. Daraus entwickelte sich dann ein wahrer Kult: Wer hatte das schönste oder originellste selbstgefertigte Säckchen! Vielleicht ist das neue Stoffsäckchen stabiler, trotzdem – eine Eigenschöpfung hat auch etwas für sich!

Die Buchstaben-Bänkchen

Jedem Spiel sind vier Bänkchen beigegeben. Man stellt diese Bänkchen so vor sich auf, daß die anderen Spieler sie nicht einsehen können. Die Bänkchen sind so breit, daß nicht nur sieben Steine darauf Platz finden, sondern neun. So hat man ausreichend Bewegungsfreiheit, um die Buchstaben beim Ordnen bequem hin- und herzuschieben.

Das Schreibzeug

Die dem Spiel beigelegten Notizblocks sind sehr handlich und praktisch. Auf der Rückseite finden Sie das Spielbrett abgedruckt und auch eine Aufstellung der Buchstaben, ihrer Werte und ihrer Häufigkeit. Besonders letzteres ist meiner Meinung nach außerordentlich wichtig für Spieler, die eine SCRABBLE-Ausgabe besitzen, bei der diese Aufstellung am Rande des Spielbrettes fehlt. Es ist nicht verboten, sich diesen Zettel offen neben den Spielplan zu legen, damit alle ihn einsehen können!

Ein Wörterbuch

Die größten und schwerwiegendsten Unstimmigkeiten treten beim SCRABBLE allerdings dann auf, wenn sich die Spieler nicht darüber einigen können, ob ein Wort zugelassen ist oder nicht, ob eine bestimmte Schreibweise stimmt oder nicht, ob eine Flexionsform, die gelegt werden soll, möglich ist oder nicht!
Natürlich – Sie können auch ohne Lexikon spielen, dann allerdings müssen Sie allen Fragen und Zweifeln, die in Bezug auf Rechtschreibung und Wortzulässigkeit mit unvermeidlicher Sicherheit auftreten werden, konsequent aus dem Wege gehen und schon vor Spielbeginn untereinander ausmachen, allergrößte, bis zur Selbstverleug-

nung reichende Toleranz walten zu lassen. Zähneknirschend müßten Sie dann sämtliche Wortanomalitäten und Wortkuriositäten hinnehmen; um das zu schaffen, müßten Sie entweder ein Heiliger oder ein Phlegmatiker sein!

Daß Meinungsverschiedenheiten über das eine oder andere Wort auftreten werden, das kann ich Ihnen garantieren! Diskussionen und Erörterungen dieser Art sind auch keineswegs lästig beim Spielen, sondern eher amüsant, anregend und lehrreich, wenn man in der Lage ist, zum Schluß der Debatte eine Klärung herbeizuführen – und dazu bedarf es eben eines Lexikons.

Ein nicht zu unterschätzender Nebeneffekt des SCRABBLE ist es übrigens auch, daß man nicht nur den Umgang mit einem Lexikon spielend erlernt, sondern daß man gleichzeitig mit dem Inhalt dieses Lexikons von Mal zu Mal vertrauter wird. Daher eignet sich SCRABBLE gerade auch für Kinder und Jugendliche, die Schwierigkeiten mit der Rechtschreibung haben, als unterhaltsames Hilfsmittel zur spielerischen Verbesserung der Orthographie! Auch kann dieses Spiel eine sehr gute Methode darstellen, seine Deutschkenntnisse zu vervollkommnen!

Bei der ersten deutschen SCRABBLE-Meisterschaft 1973 in Nürnberg war der Duden »Rechtschreibung« das maßgebende Lexikon, nach dem sich die Schiedsrichter in Zweifelsfällen richteten. Seitdem halten meine SCRABBLE-Freunde und ich es ebenso. Und wir haben die Erfahrung gemacht, daß es mit einem einzigen, ausführlichen und anerkannten Lexikon, nach dem sich alle orientieren, am reibungslosesten und einvernehmlichsten zugeht!

Tip

Einigen Sie sich beim SCRABBLE-Spielen auf ein einziges gutes Lexikon neueren Datums.

Es hat wirklich wenig Sinn, ein Wörterbuch zu benutzen, das auch nur 10 Jahre alt ist. Eine lebendige Sprache ändert sich ständig und die deutsche Sprache somit auch. Ich habe mir gerade vor 2 Monaten den neuesten Duden zugelegt und war ehrlich überrascht darüber, wieviel Altes verschwunden und wieviel Neues hinzugekommen ist.

Die SCRABBLE-Regeln

SCRABBLE ist ein Wortspiel. Man fügt aus Buchstaben unterschiedlichen Wertes Wörter zusammen, plaziert diese Wörter auf Spielfelder mit verschiedenartigsten Bewertungen und erzielt je nach Lage der Dinge eine bestimmte Punktanzahl.
Wer ein versierter SCRABBLE-Fan ist, der benutzt sein Lexikon natürlich nicht nur zum Nachprüfen, sein Streben geht dahin, neue interessante Wörter im Lexikon aufzustöbern und hinzuzulernen. Manch einer nennt ein kleines Vokabelbüchlein sein eigen, worin er die Früchte seiner Wortsuchereien fein säuberlich zusammengetragen hat.

Regel

Die Verwendung eines Wörterbuches im Spiel ist nur zum Nachprüfen erlaubt, nicht zum Finden von Wörtern!

Für mich, die ich Ihnen nun die Spielregeln so umfassend und auch so anschaulich wie irgend möglich erläutern möchte, stellt sich dabei eine zweifache Aufgabe: Erstens ergibt sich für mich die Notwendigkeit, Ihnen das »Was« beim SCRABBLE zu verdeutlichen, d.h., Ihnen auf den nächsten Seiten aufzuzeigen:

Was man **nicht** setzen **darf** und
Was man setzen **darf**

Zweitens aber wird es meine Aufgabe sein, Ihnen das »Wie« des SCRABBLE-Spielens zu veranschaulichen, und das bedeutet, Sie bis in die letzten Feinheiten damit vertraut zu machen:

Wie man **nicht** setzen **darf** und
Wie man setzen **darf** und soll!

Was darf man beim SCRABBLE nicht setzen?

Orthographisch Falsches

Zunächst natürlich muß man sich ganz schlicht und einfach an die Regeln der deutschen Rechtschreibung halten, und zwar an die heutzutage übliche und zulässige. Lassen Sie sich nicht auf müßige Diskussionen ein mit jemandem, der ein antiquarisches Wörterbuch sein eigen nennt, das zwar ohne weiteres ein Liebhaberstück für Sammler abgeben könnte, aber keineswegs ein Lexikon, das in SCRABBLE-Fragen zu Rate gezogen werden darf. Ein gutes Nachschlagewerk neueren Datums sollte man hingegen beim Spielen stets zur Hand haben, um alle Zweifelsfälle klären zu können.
Aber wohlgemerkt: Nachschlagen darf man nicht vor dem Ansetzen, sondern erst da-

nach, und zwar dann, wenn ein Wort von einem der Mitspieler angezweifelt worden ist. Stellt sich daraufhin die Unrichtigkeit des gespielten Wortes heraus, so muß es vom Spielfeld entfernt werden. Der Spieler, der es gesetzt hat, darf nun keinen weiteren Versuch mehr machen, sondern er muß in dieser Runde passen.

Was aber passiert, wenn ein falsches Wort nicht rechtzeitig beanstandet wurde und der nachfolgende Spieler bereits gesetzt hat? Es muß liegenbleiben, logisch, wie aber »behandelt« man es nun weiter? Soll man es einfach ignorieren, also nicht mehr anspielen, oder wie soll man dann verfahren? Je nach Lage der Dinge ergeben sich dabei mehrere Möglichkeiten. Ich möchte sie Ihnen anhand dreier Beispiele verdeutlichen.

Beispiel a

Jemand setzt GRAHBEN statt richtig GRABEN.

Bei diesem Wort verfährt man einfach so, als sei es richtig geschrieben; man kann es also rechtwinklig anspielen, kann es aber auch erweitern, etwa zu ABGRAHBEN, WASSERGRAHBEN oder GRAHBEND.

Achtung

Der Fehler wird also einfach akzeptiert und das Wort weiter bespielt.

Beispiel b

Jemand setzt TICH und meint TISCH. Verwechslungen zwischen CH und SCH häufen sich in letzter Zeit bei uns immer mehr.

In diesem Fall hat man nun sogar zwei Spielmöglichkeiten.

- Man nimmt – wie in Fall a – den TICH als das, was eigentlich gemeint war, und macht daraus etwa ESSTICH.
- Man korrigiert den Fehler quasi nachträglich und verbessert etwa zu STICH oder STICHLING.

Achtung

Der Fehler kann also übernommen, er kann aber auch abgeändert werden.

Beispiel c

Jemand schreibt KU und meint KUH.

Hierbei hat man sogar drei verschiedene Möglichkeiten des Anspielens:

- Man nimmt, wie in den beiden ersten Fällen auch, das unrichtige Wort für richtig und spielt weiter mit KUSTALL oder KUMIST.
- Hat man zufällig noch das fehlende H zur Verfügung, so kann man es ohne weiters ansetzen, und zwar so, als habe man ein neues Wort gebildet, das für sich auch gezählt wird. Man könnte aber auch KUHSTALL oder KUHMIST setzen.

• Man darf aber auch aus KU etwas ganz anderes machen, vielleicht KUCHEN oder KUREN oder aber auch MAKULATUR. Man darf alles, es sollte nach Möglichkeit aber nun doch richtig sein.

Regel

Ein Fehler kann übernommen, verbessert oder durch Verwandlung in ein neues Wort behoben werden.

Eigennamen

Eigennamen sind zunächst einmal Namen wie Alexander oder Richard, Juliane oder Marie. Eigennamen sind auch Goethe oder Schopenhauer, Picasso oder Adenauer. Solche Namen darf man also auf keinen Fall legen. Das ist klar und unmißverständlich!
Eigennamen sind natürlich auch Müller und Schulze, Fischer und Meier, Bauer und Kaufmann. Gleichzeitig sind diese Eigennamen aber ganz eindeutig Berufsbezeichnungen, und als solche sind sie selbstverständlich zulässig; Voraussetzung ist natürlich die richtige Schreibweise, also die, die für die Berufsbezeichnung zutrifft und nicht etwa die, bei der Meyer mit Ypsilon und Schultze mit tz geschrieben wird, denn dann handelt es sich wieder um einen Eigennamen.
Darüber hinaus gibt es aber noch Eigennamen, die im Laufe der Zeit eine weitere, sozusagen übertragene Bedeutung hinzubekommen haben! Adonis zum Beispiel war ein wunderschöner Jüngling der griechischen Sage, dessen unvergleichliche Gestalt sogar Göttinnen nicht widerstehen konnten. Auch heute noch heißen in Hellas sehr viele Männer nach ihm – schöne, aber auch weniger schöne! Von daher gesehen dürften Sie dieses Wort im SCRABBLE selbstverständlich nicht setzen!
Aber – der Anblick des Jünglings war so überwältigend, daß sein Name zum Inbegriff männlicher Schönheit an sich geworden ist. Nennt heutzutage jemand einen Mann einen wahren Adonis, so muß dieser nicht so heißen, er muß nur so sein wie – nämlich wie ein schöner junger Grieche (aus der Mythologie natürlich!). Und dieser Adonis im übertragenen Sinne darf im SCRABBLE gesetzt werden!
Es gibt noch eine ganze Menge solcher Eigennamen, die zum Kennzeichen eines bestimmten menschlichen Prototyps geworden sind. Benjamin beispielsweise war der jüngste Sohn Jakobs, sein Name steht heute aber auch gleichzeitig für den Jüngsten in einer Familie oder Gruppe. Nestor, der greise besonnene Ratgeber der Griechen vor Troja, hat seinen angesehenen Namen weitergereicht an jemanden, der ein hochgeschätzter, verehrungswürdiger Gelehrter ist. Die Megäre hingegen, das böse Weib, hat ihren Namen abbekommen von der Erinnye Megaira, der Rachegöttin.

Tip

Eigennamen, die zum Inbegriff eines bestimmten Menschtypus geworden sind, dürfen gesetzt werden.

Die meisten Namen dieser Gattung stammen aus der griechischen und römischen Mythologie.
Gerade aber auch in der antiken Sagenwelt haben verschiedene Eigennamen ihren Ursprung, die von unseren Wissenschaftlern und Forschern gerne an bestimmte Tierarten weitervergeben wurden. So ist ja eines der beliebtesten und bekanntesten SCRABBLE-Worte mit dem Buchstaben Ypsilon, nämlich Hydra, ursprünglich der Eigenname einer neunköpfigen menschenverschlingenden Schlange, die vom heldenhaften Herakles nach langem, mühsamem Kampf endlich besiegt werden konnte. Diese Hydra nun mußte ihren Namen einem kleinen, harmlosen Wasserpolypen vermachen, der, wenn er wüßte, nach wem er benannt worden ist, sich gewiß vor Entsetzen in die tiefsten Tiefen seines Wassertümpels verkröche! Da ist der bunte Schmetterling namens Apollo doch als Namensvetter der strahlenden griechischen Gottheit Apoll schon wesentlich besser davongekommen!

Tip

Alle Tiergattungsnamen, die ursprünglich der griechischen Mythologie entstammen, dürfen ohne Bedenken gespielt werden.

Aber bitte tun Sie nun eines nicht! Verwechseln Sie vor lauter Eigennamenklauberei auf gar keinen Fall Eigennamen mit Bezeichnungen für Arten oder Gattungen. Meine Besorgnis mag Ihnen vielleicht übertrieben oder albern vorkommen; um so besser. Denn dann habe ich Sie wenigstens nicht total in Verwirrung gestürzt mit meinen Namensspitzfindigkeiten.
Aber auf die Gefahr hin, Sie in dem nun folgenden Absatz tödlich zu langweilen, möchte ich es trotzdem nicht versäumen, den Begriff des Eigennamens gegenüber dem der Gattungs- beziehungsweise Artbezeichnung genau abzugrenzen.
Blume ist ein Oberbegriff für sehr, sehr viele Pflanzenarten, Säugetier für sehr viele Tiergattungen.
Zu den Blumen zählen Rosen, Tulpen, Nelken; und zu den Säugetieren rechnet man unter anderem Pferde, Schafe und Tiger. Dann gibt es aber auch noch Heckenrosen, Papageientulpen und Pechnelken; und es gibt Wildpferde, Rhesusaffen und Bengaltiger!
Das alles sind keine Eigennamen, sondern Art- und Gattungsbezeichnungen. Wenn Sie

Ihr Pferd allerdings Susi, Ihr Schäfchen Wolli nennen – einen Tiger haben Sie ja sowieso nicht – dann sind das Eigennamen!

Eigennamen aus der Geographie

Was geographische Bezeichnungen sind, wissen Sie bestimmt! Vielleicht ärgern Sie sich sogar ein wenig darüber, daß diese Begriffe nicht gestattet sind, vor allem, da sie ja manchem von Ihnen auch vom Kreuzworträtsel her gewohnt sind!

Aber überlegen Sie doch einmal: Wo kämen wir denn hin, wenn jeder Spieler anfangen würde, die Namen der klitzekleinsten und unbekanntesten Ortschaften oder Flüßchen aus seinem letztjährigen Sommerurlaub auf Mallorca oder in Ostasien aufs SCRABBLE-Spielfeld zu setzen? Wo soll man da abgrenzen, was geht und was nicht zulässig ist?

Einmal hörte ich den Vorschlag, man solle Städte ab 100 000 Einwohner und Flüsse über 1 000 km Länge zulassen. Aber, Hand aufs Herz, könnten Sie so auf die Schnelle feststellen, ob etwa Denpasar, die Hauptstadt Balis, mehr als 100 000 Einwohner hat?! Sie hat nur 30 000, ist aber immerhin Hauptstadt! Und mit den Flüssen ist eine Abgrenzung der zulässigen Begriffe womöglich noch komplizierter ...

Ganz verzichten auf die Geographie müssen Sie aber trotzdem nicht. Man kann ja von diesen geographischen Begriffen Eigenschaftswörter ableiten, und daß die unzulässig sind, davon hat niemand je etwas gesagt! Und was nicht verboten ist, das ist erlaubt!

Tip

Wir dürfen setzen: deutsch, englisch, javanisch, babylonisch.

Wir dürfen es, ob wir es allerdings überhaupt mal schaffen, das ist die andere Frage.

Tja, und wenn man schon die betreffenden Eigenschaftswörter setzen darf, dann ist es auch nur recht und billig, daß man die Bewohner dieser Länder, Landstriche und Regionen nicht stiefmütterlich behandelt! Also dürfen auch diese im SCRABBLE gesetzt werden!

Tip

Die Berliner, die Hamburger, die Kölner und die Nürnberger; die Dänen, die Finnen, die Russen, die Griechen, sie sind alle zulässig!

Verzwickt wird es erst, wenn sich die Bezeichnungen für bestimmte Länder und für deren Bewohner gleichen wie ein Ei dem anderen. Und hier halten wir es natürlich so, daß der Ländername selbstverständlich nicht

erlaubt ist, der Name des Bewohners dieses Landstrichs, der zufällig genauso klingt, der ist natürlich zugelassen!
Was ich genau meine? Z. B.:

Das Land	**seine Bewohner, die**
Hessen	Hessen
Bayern	Bayern
Sachsen	Sachsen
Preußen	Preußen
Schweden	Schweden

Sicherlich gibt es noch eine ganze Menge solcher Beispiele, die ich gewiß nicht alle aufzählen muß. Hauptsache, Sie denken rechtzeitig daran!

Eigennamen aus der Astronomie

Zur Geographie kann man die Begriffe aus dem Universum gewiß nicht zählen, dann eher schon zur »Kosmographie«. Und doch, obwohl sie also nicht dem irdischen Bereich zuzurechnen sind, muß man die Namen der Monde, Sterne und Kometen im SCRABBLE genauso behandeln wie die Eigennamen von Ländern, Flüssen oder Bergen.

Tip

Gattungsbegriffe aus der Astronomie können gesetzt werden:
Mond, Sterne, Galaxie, Komet

Bezeichnungen jedoch für einen ganz bestimmten, einmaligen, mit einem Namen versehenen Stern oder für sonst ein kosmisches Gebilde – ich muß gestehen, in puncto Himmelskunde bin ich nicht sonderlich kompetent – dürfen im SCRABBLE nicht gelegt werden. Wie es mit unserem Planeten Erde steht, fragen Sie?! Als Bezeichnung für den Planeten darf man den Begriff nicht setzen, aber es gibt ja auch noch andere Erde: solche, die man pflügt, zum Beispiel!

Eigennamen mit dem Emblem WZ (Warenzeichen)

Die im Duden mit WZ markierten Wörter sind Eigennamen. Es handelt sich dabei um Benennungen von Markenartikeln, die von deren Herstellern den betreffenden Produkten beigegeben und zeichenrechtlich geschützt worden sind, und zwar in der Absicht, sie von anderen Artikeln ähnlicher Art abzugrenzen. Sie dürfen auf keinen Fall gesetzt werden.

Abkürzungen

Abkürzungen sind:

- häufig vorkommende Wörter, die zur Raumersparnis in der Mitte und am Ende oder nur am Ende des Wortes gekürzt wurden, wie:

ev. für *evangelisch*
eigtl. für *eigentlich*
Dr. für *Doktor*
mdal. für *mundartlich*

Es gibt noch eine ganze Menge dieser verstümmelten Wörter, denen allen ein gemeinsames Merkmal eigen ist: Man kann sie nur mit Mühe aussprechen – aber sie sollen in dieser Kurzform ja auch nicht gesprochen, sondern nur geschrieben werden:

- aneinandergereihte Anfangsbuchstaben häufig vorkommender Wortverbindungen, wie etwa:
  z.B. für *zum Beispiel*
  u.a. für *unter anderem*
- aneinandergereihte Anfangsbuchstaben von Institutionen in Recht, Politik, Medizin, Wirtschaft:
  CDU, SPD, FDP, DGB, LKW, NDR, BBC
- chemische Zeichen, wie z.B.:
  C für *Kohlenstoff*
  Cd für *Cadmium*
  Hf für *Hafnium*
  Si für *Silicium*

Regel

Im SCRABBLE sind all diese Abkürzungen tabu!

Neben diesen Abkürzungen gibt es aber auch Kurzwörter, und diese sind im SCRABBLE zugelassen! Sie sind in guten Lexika mit der Abkürzung Kurzw. gekennzeichnet. Im Gegensatz zu Abkürzungen gehen sie einem leicht von den Lippen; es sind eben richtige Wörter, wie:

Mofa, Krad, Motel

Regel

Kurzwörter sind erlaubt.

Wörter, deren Schreibweise einen Bindestrich erfordert

Sie dürfen nicht gesetzt werden. Derartige Wörter sind im Deutschen verhältnismäßig selten. Zusammengesetzte Wörter, also Komposita, werden grundsätzlich zusammengeschrieben. Ausnahmen davon, die uns im Hinblick auf SCRABBLE interessieren könnten, sind:

- Zusammensetzungen, bei denen drei Vokale zusammentreffen. Sie erfordern einen Bindestrich:
  Tee-Ei, See-Elefant

Allerdings gilt dies nicht für zusammengesetzte Adjektive oder Partizipien; also heißt es *schneeerhellt, seeerfahren!*
Glauben Sie bitte nicht, die drei e hintereinander beruhten auf einem Druckfehler oder gar auf meiner schlechten Kenntnis der Orthographie! Weit gefehlt. So steht es in der 19. Auflage des Duden »Rechtschreibung«, 1986, Seite 26.

• Zusammensetzungen mit einem einzelnen Buchstaben brauchen ebenfalls einen Bindestrich:

I-Punkt, O-Beine

• Zusammensetzungen zweier Adjektive, die beide ihre Eigenbedeutung bewahrt haben, zusammen aber eine Gesamtvorstellung ausdrücken, schreibt man mit Bindestrich:

schaurig-schön, gütig-ernst, süß-sauer

Demgegenüber werden feststehende Komposita von Adjektiven immer zusammengeschrieben:

altklug, neureich

Wörter, die ein Auslassungszeichen erfordern

Auch sie sind nicht zulässig. Der Apostroph steht im allgemeinen für:

• weggelassene Laute, z. B.:

Gib's her! für *Gib es her!*
Wie geht's? für *Wie geht es?*
Lohnt sich's denn? für *Lohnt es sich denn?*
Schau Dir's nur an! für *Schau es Dir nur an!*

• weggelassene Vorsilben wie bei:

'nauf statt *hinauf.*

Aber: er steht nicht bei:

rauf für *herauf*

• das weggelassene Schluß-e bei Substantiven und bestimmten Verbformen, z. B.:

Ros' oder *könnt'* oder *dürft'*

Erlaubt sind hingegen **sämtliche** Imperativformen, da man sie ohne Auslassungszeichen schreibt. Also:

bring, lauf, kauf

Außerdem gibt es noch selbständige Nebenformen bestimmter Adjektive und Adverbien, die ohne Auslassungszeichen geschrieben werden dürfen und die daher im SCRABBLE zulässig sind. Also:

bös, heut, fad, leis

Einige Flexionsformen von Verben

Verben, die nur in Verbindung mit Vorsilben gebräuchlich sind, dürfen dann nicht gesetzt werden, wenn sie in Flexionsformen auftreten, bei denen die Vorsilbe fehlt. Eines der berühmtesten Beispiele hierfür ist wohl das Wörtchen »ausixen«.

Beugt man dieses Verb etwa in der ersten Person Einzahl der Gegenwart, so heißt es »ich ixe aus«. *Ixe* steht also für sich allein, das *aus* ist sozusagen abgekoppelt. *Ixe* darf also im SCRABBLE nicht gesetzt werden, weil es das Verb ohne Vorsilbe nicht gibt. Weitere Beispiele sind:

ausgehen, fortlaufen

Hoffentlich haben Sie nun keinen Schrecken bekommen von alldem, was man so an Ge-

und Verboten beachten sollte. Aber glauben Sie mir, es ist alles halb so wild! Während des Spiels klären sich die Nebelschwaden der Verbote, und die Freude am phantasievollen Spiel mit Worten und Begriffen wird von Ihnen Besitz ergreifen. Wenden wir uns also jetzt lieber dem zu, was erlaubt, erwünscht, erreichbar ist.

Was darf man beim SCRABBLE alles setzen?

Ich kenne viele Leute, die zwar noch nie SCRABBLE gespielt haben, die aber dennoch zu wissen glauben, daß sie es bereits spielen können. Fragt man sie dann, wie sie auf diese Idee kämen, so kommt prompt die Antworte: »Ich rate ja auch sehr gerne Kreuzworträtsel!« SCRABBLE wird zwar oft auch als »Kreuzwortspiel« bezeichnet – und das trifft ja auch bedingt zu –, aber es ist auf keinen Fall ein »Kreuzwort-Rätsel-Spiel«. Beim Kreuzworträtsel sind die gesuchten Wörter vorgegeben, man muß sie nur erraten. Setzt man ein »falsches« Wort in ein »richtiges« Feld oder ein »richtiges« Wort in ein »falsches« Feld, so ist das ganze Rätsel verdorben. Beim Kreuzworträtsel ist man also in ein vorgegebenes Schema gepreßt, aus dem man nicht ausbrechen kann. Anders liegen die Dinge beim SCRABBLE. Die Auswahl der Worte und die Art ihrer Plazierung auf dem Spielbrett bleibt weitgehend Ihnen überlassen. Sie können Ihrer sprachlichen Phantasie freien Lauf lassen. Dadurch, daß sämtliche Wort- und Beugungsarten verwendet werden können und sollen, wandeln sich die Wortinhalte, die Zeiten, die Mengen, die Bedeutungen. Demgegenüber bleibt das Kreuzworträtsel eine Konserve. Das, was darin steckt, mag noch so anspruchsvoll und ausgefallen sein, es bleibt immer ein Genuß aus zweiter Hand. SCRABBLE hingegen muß man schon selbst aufbauen und gestalten, es ist das, was man selbst daraus macht!
Warum ich mich hier so ausgiebig mit dem Kreuzworträtsel beschäftige, fragen Sie sich? Das sei doch nicht so wichtig? Das gehöre doch gar nicht hierher?
Ich finde, daß es gerade hierher gehört, wo ich Ihnen erklären möchte, was man alles im SCRABBLE Schönes gestalten darf. Denn es begegnen mir immer wieder noch »kreuzworträtselgeschädigte« Spieler, die sich einfach nicht trauen, auch einmal die zweite Person Plural eines Verbs oder den Genitiv eines Substantivs, geschweige denn ein Partizip oder einen Konjunktiv zu bilden.
Daher meine ganz spezielle Bitte an Sie: Sollten Sie an sich selbst beobachten, daß es bei Ihnen so etwas wie eine unbewußte

Scheu gibt, etwas kompliziertere grammatikalische Formen auszuspielen, so kämpfen Sie sofort dagegen an. Versuchen Sie vielleicht sogar am Anfang Ihrer SCRABBLE-Spiel-Zeit ganz bewußt, grammatikalisch anspruchsvolle Konstruktionen zu verwenden! Sind Sie einmal auf den Geschmack gekommen, sind die Hemmungen auch schon verflogen.

Vielleicht ist es Ihnen aufgefallen, daß ich immer wieder einmal lateinische Begriffe aus der Formenlehre benutze. Ich habe es mir lange überlegt, welche grammatikalischen Ausdrücke ich verwenden soll, die deutschen, die lateinischen oder beide zugleich; etwa dergestalt, daß entweder die deutsche oder die lateinische Erläuterung ergänzend in Klammern danebenstünde. Dann aber habe ich mich aus zwei Gründen doch dazu entschlossen, bei den lateinischen Bezeichnungen zu bleiben:

- Sie sind kürzer und daher einfacher zu handhaben.
- Sie sind auch als Wörter, die man im SCRABBLE setzen könnte, sehr interessant, da sie relativ seltene Buchstaben wie V oder X enthalten. Daher ist es für uns nützlich, einige neue Worte hinzuzulernen oder sie uns wieder in Erinnerung zu rufen.

Da uns allen mit Sicherheit viele dieser Fachausdrücke aus dem Gedächtnis entschwunden sind, steht im Anhang, S. 118 ff., eine vergleichende Zusammenstellung der für uns wichtigsten grammatikalischen Begriffe.

Regel

Im SCRABBLE sind sämtliche Wortarten und deren Flexionen erlaubt.

Sämtliche für uns in Frage kommenden Wortarten und Flexionen stelle ich der Reihe nach vor.

Verben

Verben können im SCRABBLE in allen nur existierenden Konjungationsformen gespielt werden. Anhand eines einzigen Verbums möchte ich Ihnen die diversen Anwendungsmöglichkeiten veranschaulichen.

Aktiv Präsens	**Aktiv Präteritum**
Indikativ	**Indikativ**
ich *trage*	ich *trug*
du *trägst*	du *trugst*
er *trägt*	er *trug*
wir *tragen*	wir *trugen*
ihr *tragt*	ihr *trugt*
sie *tragen*	sie *trugen*
1. Konjunktiv	**2. Konjunktiv**
ich *trage*	ich *trüge*
du *tragest*	du *trüg(e)st*
er *trage*	er *trüge*
wir *tragen*	wir *trügen*
ihr *traget*	ihr *trüg(e)t*
sie *tragen*	sie *trügen*

(Das in Klammern gesetzte *e* bedeutet, daß die Form sowohl mit als auch ohne dieses *e* gebräuchlich ist!)

Imperativ
Singular: *trag!*
Plural: *trag*(e)*st!*

1. Partizip
tragend
mit all seinen deklinierten Abwandlungen, also:

tragende, tragendes, tragender, tragendem, tragenden

2. Partizip
getragen
ebenfalls mit allen deklinierten Abwandlungen, also:

getragene, getragenes, getragener, getragenem, getragenen

Substantiviertes Verbum
das *Tragen*! Wichtig: des *Tragens*
Natürlich gibt es noch eine ganze Menge anderer grammatikalischer Flexionen. Die aber brauche ich hier nicht mehr aufzuzählen, weil die Erscheinungsformen des Wortes »tragen« sich dort wiederholen, allerdings in anderem Zusammenhang.
Sollten Sie sich dafür eingehender interessieren, so können Sie ja noch zusätzlich im Duden »Grammatik« nachschlagen; im Rahmen dieses SCRABBLE-Büchleins würde es zu weit führen, wollte man versuchen, hier alle grammatikalischen Möglichkeiten aufzuzählen!
Gern möchte ich aber noch zu der Auflistung der Konjungationsformen einige Erläuterungen hinzufügen; es gibt darunter nämlich ein paar besonders interessante und fürs SCRABBLE enorm wichtige Formen. Und an die sollten Sie beim Spielen immer denken!

Besonders zu beachten sind:

- der 1. Konjunktiv mit dem etwas altertümlichen, aber immer noch gebräuchlichen *tragest* bzw. *traget*;
- der 2. Konjunktiv mit *trüge* usw. Gerade diese Konjunktive sind sprachlich besonders anspruchsvoll. Mir ist es eigentlich unbegreiflich, warum sie im Deutschen immer mehr von Formulierungen wie *ich würde tragen* oder *du würdest tragen* verdrängt werden. Die starken Konjunktive sind doch mit den in ihnen so häufig vorkommenden Umlauten besonders klangvoll und melodisch, ganz abgesehen davon, daß sie fürs SCRABBLE ein wahrer Segen sind!
- der Imperativ Singular mit dem hinten fehlenden *e*. Er wird ohne Apostroph geschrieben, ist daher immer zulässig und im SCRABBLE außerordentlich wichtig!
- der Imperativ Plural. Auch die ältere Form mit dem eingeschobenen *e* ist immer noch üblich, und darf gespielt werden. Formen wie:

lachet, singet, gehet, rufet, kommet

sind uns hauptsächlich aus alten Kirchenliedern und Bibeltexten bekannt, aber natürlich auch aus unseren Klassikern.

• das 1. Partizip. Es eignet sich besonders gut zum mehrmaligen Verlängern ein- und desselben Wortes.

Beginnend etwa beim Imperativ, kann man, wenn man geduldig spielt, etwa folgendermaßen verfahren:

trag
trage
tragen
tragend
tragende
tragendes oder *tragender, tragendem, tragenden.*

Ich nenne so etwas gern »melken«. Ein Wort wird wieder und wieder gemolken ... bis es nicht mehr geht. Höchstens noch mal mit einer Vorsilbe.

• das 2. Partizip. Genauso wie das erste kann man es wunderbar »melken«, etwa so:

getragen
getragene
getragenes oder getragener, getragenem, getragenen.

Diese Art des geduldigen Spielens macht besonderen Spaß!

Substantive

Selbstverständlich dürfen auch sie in allen nur vorkommenden Beugungsarten benutzt werden. Zwei Punkte, die bei manchen SCRABBLE-Spielern etwas umstritten sind, möchte ich aber hierbei klarstellen. Es handelt sich dabei um:

• Das Endungs-s im Genitiv Singular bei Wörtern, die mit einem, zwei oder mehr Konsonanten enden, darf mit oder ohne dazwischengeschobenem *e* angesetzt werden. Also:

Rufes und *Rufs*
Schiffes und *Schiffs*
Rumpfes und *Rumpfs*
Ramsches und *Ramschs*

Nur nach Zischlauten – *s, ss, x, z und gerade tz* – muß die längere Form auf *es* immer stehen: des Glas*es*, des Fluss*es*, des Fex*es*, des Filz*es*, des Netz*es*.

• Das Endungs-e im Dativ Singular sogenannter »starker und gemischter« Deklinationsarten der Maskulina und Neutra. Die einfache Erklärung für dieses kaum zu verstehende fachsprachliche Kauderwelsch lautet, daß man sagen kann:

auf dem Dach und *auf dem Dache,*
in dem Tal und *in dem Tale,*
auf dem Stuhl und *auf dem Stuhle.*

Die Formen mit Endungs-e sind zwar etwas veraltet, aber immer noch zulässig.

Übrigens: Zu den Substantiven muß man ja wohl auch die Buchstaben des griechischen Alphabets rechnen. Und da ihre Bezeichnungen auch im Duden zu finden sind, wüßte ich nicht, warum man sie nicht auslegen dürfte! Also:

Regel

Die Buchstaben des griechischen Alphabets dürfen gesetzt werden!

Adjektive

Daß auch Adjektive in allen nur möglichen Flexionsarten benutzt werden können, ist selbstverständlich.

• Adjektive können dekliniert werden, ähnlich wie Hauptworte, also:

lieb, liebe, lieber, liebes, liebem, lieben.

• Adjektive können aber auch gesteigert werden, also:

lieb, lieber, am liebsten

mit den Formen

liebste, liebster, liebstes, liebstem, liebsten.

Aber Vorsicht!

Es gibt Adjektive, die nicht gesteigert werden können, weil sie »vergleichsunfähig« sind, wie es der Duden so schön »klar« formuliert! Das sind:

• Adjektive, deren Bedeutung keine Steigerung zuläßt, also etwa:

schriftlich, tot, nackt.

• Aber auch Farbadjektive wie:

beige, rosa, lila.

• Zusammengesetzte Adjektive, deren Bestimmungswort die Steigerung bereits ausdrückt, etwa:

schneeweiß, steinreich, riesengroß.

Begleiter und Stellvertreter des Substantivs

Darunter versteht man Artikel, Numerale und Pronomen. Die Palette dieser Wörter umfaßt z. B.:

der, die, das, meiner, deiner, euer, irgendwelche, etwelche

Bei all diesen Wörtern bestehen fürs SCRABBLE keinerlei Unklarheiten. Auf eine Besonderheit aber möchte ich Sie doch noch aufmerksam machen, auf die Deklinationsformen von *unser* und *euer*. Es kann heißen:

unseres und *unsres*
unserem und *unsrem,*
aber auch *unserm*
unseren und *unsren*, aber auch *unsern*
unsere und *unsre*
unserer und *unsrer*
unseren
und *unsren*, aber auch *unsern*

Ähnliches gilt für *euer*:

eueres und *eures*
euerem und *eurem*, aber auch *euerm*
eueren und *euren*, aber auch *euern*
euere und *eure*
euerer und *eurer*
eueren und *euren*, aber auch *euern*

Partikel

Partikel sind unveränderbare Wörter! Was alles darunterfällt, will ich Ihnen nicht vorenthalten.

- Adverbien wie:
  besonders, darauf oder *deswegen*
- Präpositionen wie:
  durch, mit, über, unter
- Konjunktionen, zu deren bekanntesten folgende zählen:
  und, aber, desto, nur

Aus dieser Gruppe ziehe ich mir einige Präpositionen heraus, bei denen es etwas zu beachten gibt: Sie verschmelzen mit dem ihnen folgenden Artikel. Fürs SCRABBLE-Spielen sind sie ausgesprochen gut zu verwenden:

am, ans, außerm, beim, durchs, fürs, hinterm, hintern, hinters, im, ins, überm, übern, übers, unterm, untern, unters, vom, vorm, vorn, vors, zum, zur

Achtung

Wird der Artikel mit einem vorangehenden Verbum zusammengezogen, dann ist ein Apostroph erforderlich, und wo ein Apostroph erforderlich ist, da ist fürs SCRABBLE nichts zu holen!
Hat's, gibt's, ruft's sind tabu!

Interjektionen

Interjektionen sind Lautgebilde, mit denen Empfindungen, Wünsche und Reaktionen ausgedrückt werden sollen. Jeder von uns hat sicherlich schon einmal, ohne es zu bemerken, so einen Laut »erfunden«, wenn ihm gerade danach zumute war! *Hö, hö, hö* oder *Tschi, schi* oder was auch immer! So etwas darf natürlich nicht im SCRABBLE gesetzt werden, weil es da sicher zu Wortwucherungen käme, die nicht mehr unter Kontrolle zu bringen wären! Nichts einzuwenden ist aber selbstverständlich gegen Ausrufeworte, die sich im Laufe der Zeit fest eingebürgert haben, deren Bedeutung allgemein bekannt und deren Gebrauch weit verbreitet ist. Diese uns vertrauten Interjektionen finden sich auch in jedem guten Lexikon. Für das SCRABBLE-Spielen sind diese Wörtlein ein wahrer Segen! Man kommt mit ihnen in die kleinsten Ecklein hinein, man kann mit ihrer Hilfe besonders gut parallel legen, und sie sind imstande, in aussichtslos erscheinenden Situationen doch noch ein Hintertürchen zu öffnen!

Probespiel

Grau ist alle Theorie ...! Allzu viele Regeln verwirren nur. Wer schwimmen lernen will, muß ins Wasser, wer ein SCRABBLE-Könner werden will, der muß spielen, spielen, spielen. Wollen wir also jetzt gemeinsam eine Probepartie wagen? Packen Sie bitte Ihr Spielbrett aus und spielen Sie einfach mit, denken Sie mit, kombinieren Sie mit, zählen Sie mit! Und wenn Sie merken sollten, daß ich eine Möglichkeit übersehen habe, wohlan, dann bin ich Ihnen ganz bestimmt nicht gram, sondern freue mich für Sie und mit Ihnen.

Wozu das Ganze? Ich möchte Ihnen anhand dieses Musterspiels die noch ungeklärten SCRABBLE-Regeln ganz unmißverständlich erläutern und Ihnen gleichzeitig auch schon die einfachsten und grundlegenden Tricks und Kniffe beibringen.

Meine Buchstabensteinchen befinden sich natürlich schon seit langem in dem dafür bestimmten Säckchen. Sollten Ihre hingegen noch fein säuberlich in Ihrem neuen Spiel aufgereiht sein, dann lassen Sie sie so, wie sie sind. Denn dann haben Sie es einfacher, die jeweils gesuchten Buchstaben sofort zu finden. Wenn Sie aber vor lauter Begeisterung und Spieleifer Ihr Spiel schon »startbereit« gemacht hatten, dann ist das auch kein Grund zur Aufregung. Legen Sie die Steinchen doch einfach offen auf den Tisch. Wenn Sie sehr ordentlich sind, können Sie sie auch alphabetisch sortieren und fischen Sie dann die von mir angegebenen Buchstaben heraus.

Stellen Sie aber ruhig zwei Bänkchen neben sich auf – ich habe es auch schon getan. Wir wollen das Spiel ganz »echt« machen.

Wer beginnt?

Auf los geht's los. Wir wollen sehen, wer beginnt. Ich greife in mein SCRABBLE-Säckchen mit den Buchstaben und ziehe zuerst für Karin: Es ist ein H.

Vielleicht wird sie beginnen können, denn das H liegt ja recht weit vorn im Alphabet. Die meisten SCRABBLE-Spieler sind gern als erster dran. Schließlich wird das zuerst gesetzte Wort auf alle Fälle doppelt gewertet, weil ja der schwarze Stern in der Spielfeldmitte doppelten Wortwert bedeutet.

Nun ziehe ich für Michael: Es ist ein K. Da das K im Alphabet hinter dem H seinen Platz einnimmt, darf Michael nicht eröffnen.

Regel

Wer den Buchstaben zieht, der im Alphabet am weitesten vorn liegt, der beginnt.

Haben die Spieler den gleichen Buchstaben, muß die Ziehung wiederholt werden, zieht jemand den Blankostein, hat er freie Wahl.

Probespiel

doppelter Wortwert
doppelter Buchstabenwert
dreifacher Wortwert
dreifacher Buchstabenwert

Probespiel – Punktestand

Zug Nr.	erreichte Punkte		Summe der Punkte		Wörter	
	Karin	Michael	Karin	Michael	Karin	Michael
1	20		20		LEBEN	
2		30		30		KÜRE + KLEBEN
3	42		62		ANKLEBEN	
4		27+50		107		RADIEREN
5	43		105		PUNKT + KÜREN	
6		52		159		SCHERZT
7	43		148		BLÖDE + PUNKTE	
8		46		205		FORMEN + SCHERZTE
9	34		182		LYRA	
10		30		235		KÜRENDE
11	28		210		SCHI + KÜRENDES	
12		35		270		QUIZ
13	30		240		QUOTE	
14		31		301		DUNG, ÖD, DU, PUNKTEN
15	99		339		□ ASCHINE	
16		27		328		NAIV, SCHERZTEN, NA
17	29		368		JEUS + JE	
18		20		348		TOGA + AS
19	21		389		ÄON	
20		53		401		EX, EH, XI
21	25		414		INS, QUOTEN	
22		24		425		WEHTEN + NAIVE
23	24		438		NIMMST	
24		22		447		DUM □ FES
25	16		454		BUGES	
Rest			+3	–3		–H –S

Endstand 457 : 444
Karin hat gewonnen

□ = Blankostein

Wie wird angeschrieben?

Zuerst sollte man sich auf einen Schriftführer einigen. Manche SCRABBLE-Spieler übernehmen die Buchführung sehr gern, und stellen sich sofort freiwillig zur Verfügung, andere wiederum – und zu denen gehöre leider auch ich – drücken sich lieber ums Anschreiben.

Wie man anschreibt? Man kann es sehr ausführlich und gründlich machen, so etwa wie für das Probespiel, aber es geht auch wesentlich einfacher, so wie es der dem Spiel beigegebene Block vorgibt. Und natürlich genügt es normalerweise auch, wenn wirklich nur einer die Werte notiert – ist aber ein sehr pedantischer oder mißtrauischer Mitspieler dabei, der auf »doppelter Buchführung« besteht, so sollte man ihm den Spaß nicht nehmen und ihn gewähren lassen!

Zug 1 Wie eröffnet man?

Regel

Der erste Zug muß über den schwarzen Stern in der Mitte des Spielbrettes gehen.

Karin spielt mit den Buchstaben:

A_1 B_3 C_4 E_1 E_1 L_2 N_1

Grundsätzlich dürfen Buchstaben waagerecht und senkrecht, nie aber diagonal ausgelegt werden. Karin kann mit den ihr zur Verfügung stehenden Buchstaben verschiedene, zwei-, drei- und vierbuchstabige Wörter bilden. Sie gibt sich damit jedoch nicht zufrieden, sondern versucht, nach fünfbuchstabigen Wörtern zu forschen. Mit so einem Wort könnte sie nämlich ein Feld mit doppeltem Buchstabenwert erreichen. Unter folgenden Möglichkeiten kann sie wählen:

LABEN, LEBEN, NABEL, NEBEL.

Das L ist 2 Punkte wert, das N jedoch nur 1 Punkt. Daher ist es natürlich vorteilhafter den höherwertigen Buchstaben auf das Buchstabenprämienfeld zu setzen. Das bedeutet, es ist günstiger LABEN oder LEBEN so zu plazieren, wie es Seite 41 zeigt oder aber NABEL oder NEBEL, wie es Seite 42 und 43 demonstrieren.

Vom Mittelstern ausgehend nach rechts zu spielen, ist erfahrungsgemäß etwas unvorteilhafter, da sich das gesamte Spielgeschehen leicht zu sehr nach rechts hin verschiebt und es häufig Mühe bereitet, die linke Spielfeldhälfte angemessen zu nutzen. Die anderen drei Eröffnungen sind praktisch gleichwertig, und es bleibt der Entscheidung des Spielers überlassen, welche Position er von Fall zu Fall bevorzugt.

Beispiel 1 Ungünstig! So sollte man mit einem Fünf-Buchstaben-Wort **nicht** eröffnen

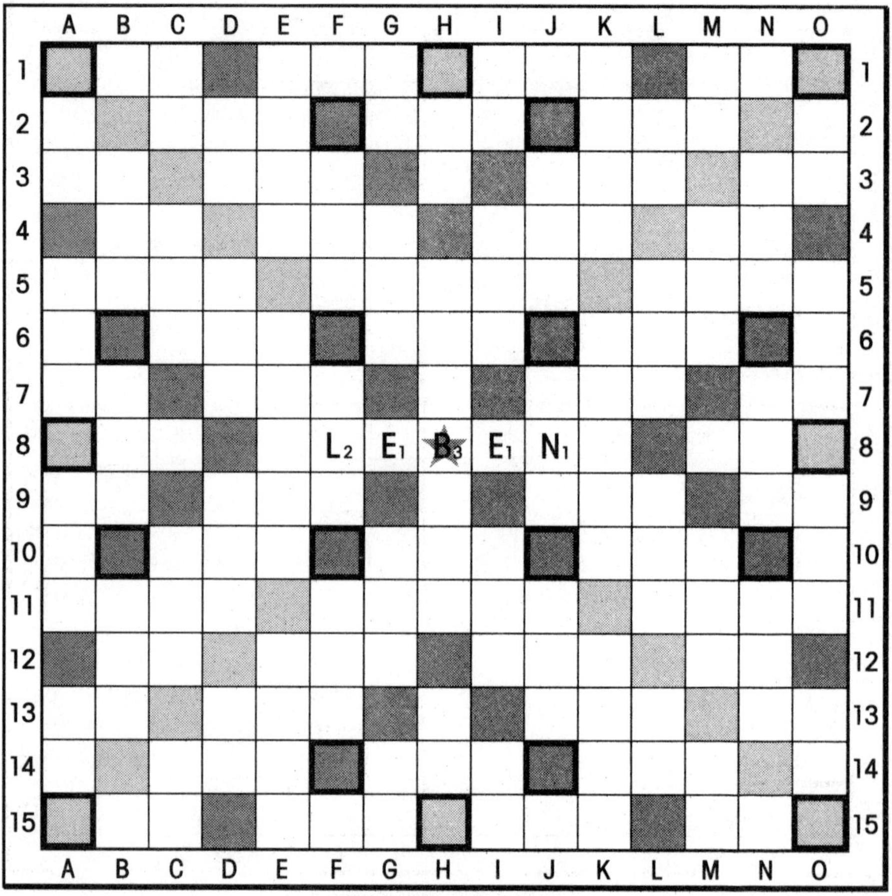

SCRABBLE®

doppelter Wortwert

doppelter Buchstabenwert

dreifacher Wortwert

dreifacher Buchstabenwert

Beispiel 2 Günstig!

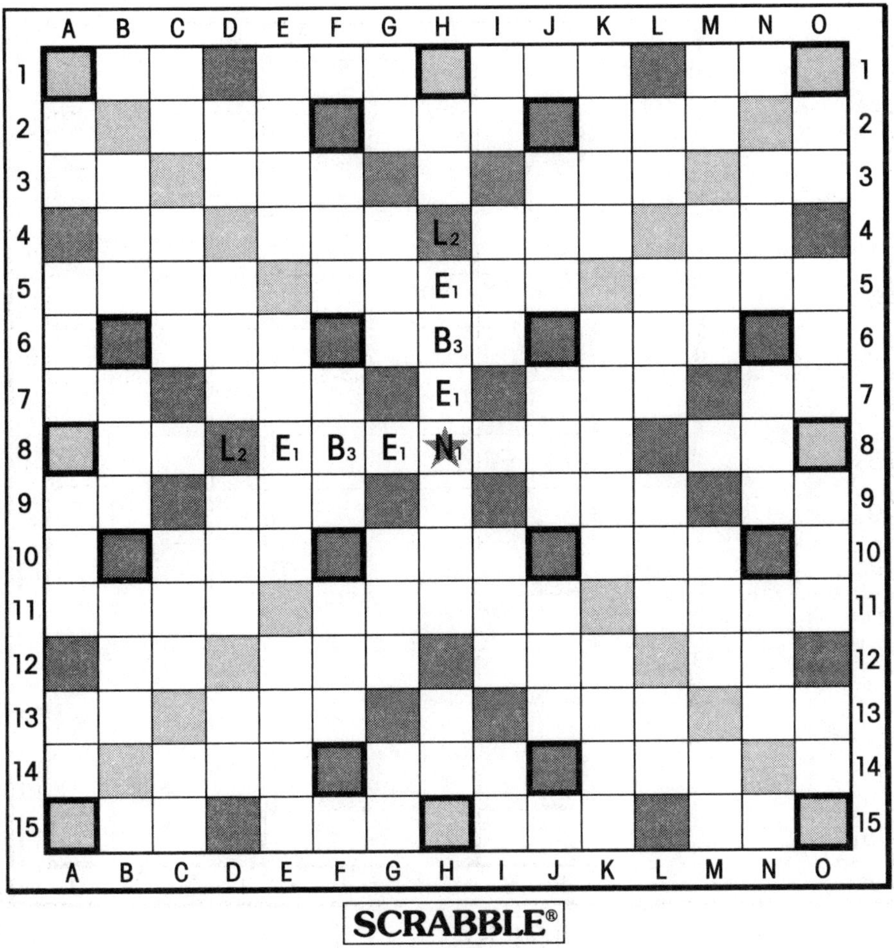

doppelter Wortwert — doppelter Buchstabenwert

dreifacher Wortwert — dreifacher Buchstabenwert

Beispiel 3 Ungünstig!

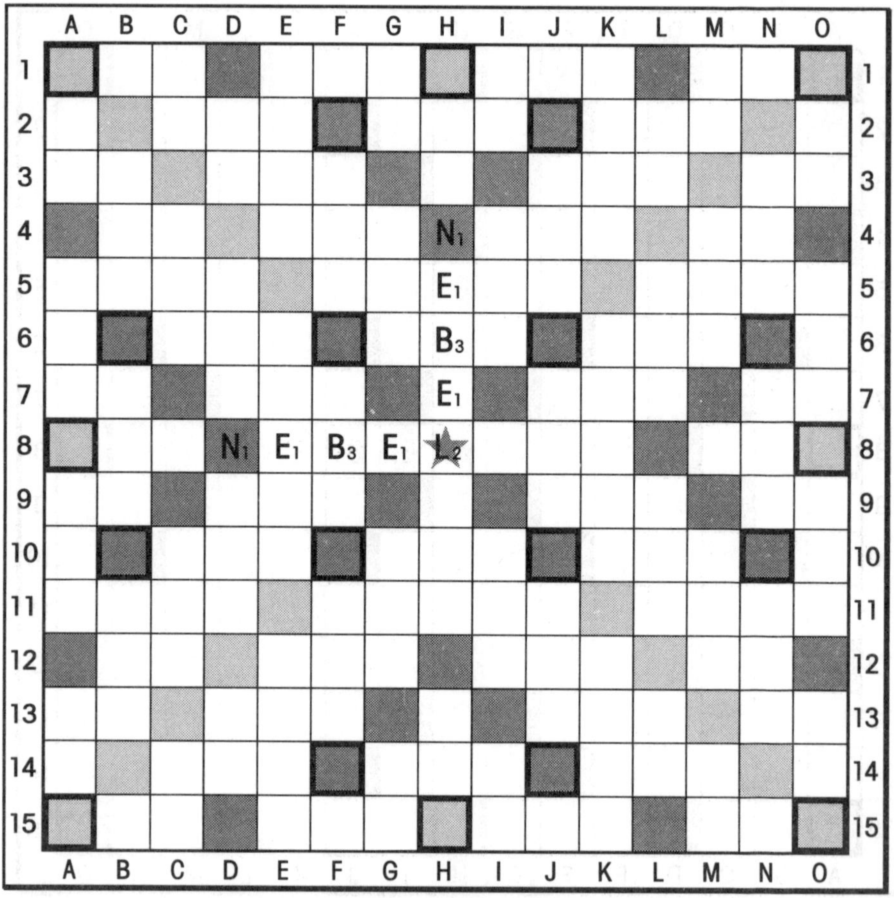

SCRABBLE®

doppelter Wortwert — doppelter Buchstabenwert

dreifacher Wortwert — dreifacher Buchstabenwert

Beispiel 4 Günstig

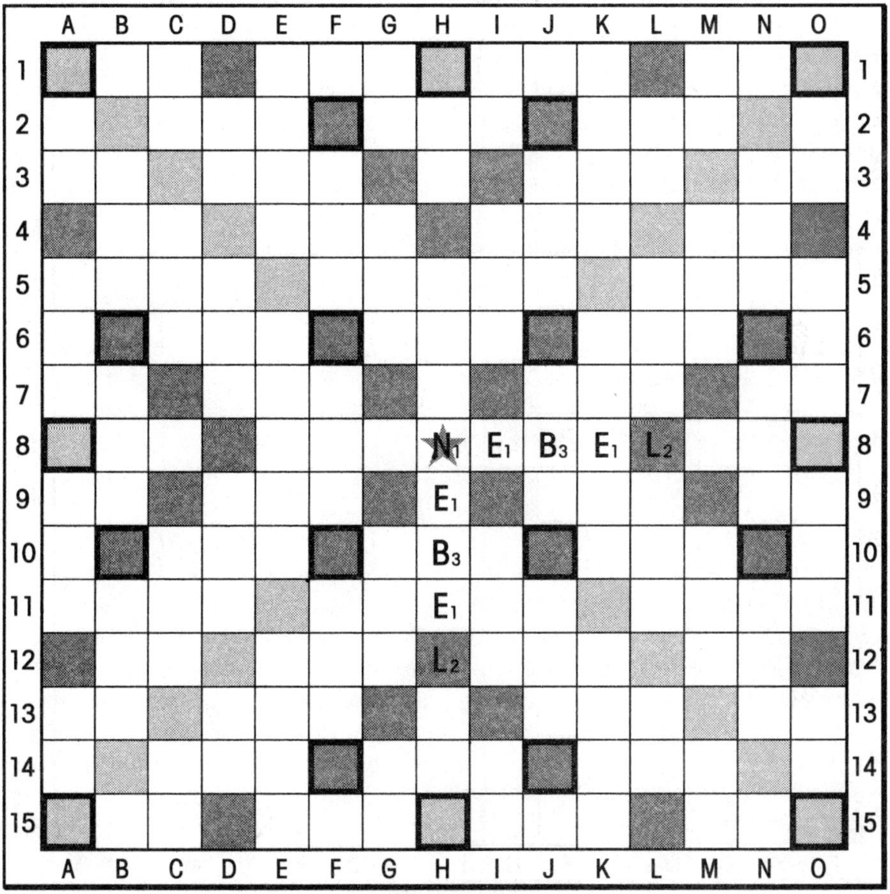

SCRABBLE®

doppelter Wortwert — doppelter Buchstabenwert

dreifacher Wortwert — dreifacher Buchstabenwert

Tip

Hat man die Wahl zwischen gleichwertigen Wörtern, so sollte man das bevorzugen, das am vorteilhaftesten ist, das die schönsten Erweiterungsmöglichkeiten verspricht und bei dem die größte Wahrscheinlichkeit besteht, in den Bereich ergiebiger Prämienfelder vorzudringen.

Dabei ist es wirklich die größte Sünde wider den spielerischen Geist, aus lauter Angst davor, der Mitspieler könnte gleichfalls an den Chancen eines solchen Wortes teilhaben, lieber gleich alles abzublocken und Wörter zu setzen, die unergiebig sind wie taube Nüsse.

In unserem speziellen Falle ist das Wort LEBEN auf D8* mit dem mit 2 Punkten bewerteten L auf doppeltem Buchstabenwert und mit seiner Nähe zum dreifachen Wortwert die beste Wahl.

Karin entscheidet sich also für das Wort

LEBEN = (2 x 2) + 1 + 3 + 1 + 1 = 10
x 2 = 20 Punkte
Restbuchstaben: A_1 C_4

Zug 2 Verlängerung mit rechtwinkligem Ansetzen

Michael spielt mit den Buchstaben:
D_1 E_1 I_1 K_4 R_1 R_1 $Ü_6$

Michael hat mehrere schöne Spielmöglichkeiten zur Auswahl und überprüft nun der Reihe nach, welche die günstigste ist:

DÜRRE	= 20 Punkte
KÜRE	= 24 Punkte
RÜDER	= 20 Punkte
KÜRE + KLEBEN	= 30 Punkte
DÜRRE + LEBEND	= 25 Punkte

Michael entscheidet sich für den Spielzug mit dem höchsten Punkteergebnis.

Tip

Die spezielle Methode des Verlängerns um einen Buchstaben mit gleichzeitigem rechtwinkligem oder überkreuzendem Ansetzen ist eine sehr raffinierte und lukrative Spielmethode.

Kommen Sie eventuell mit der Berechnung nicht zurecht? Dann üben wir es noch einmal ganz langsam.

* Übrigens: Unter SCRABBLE-Profis ist es üblich, die genaue Position eines auf dem Spielbrett befindlichen Wortes dadurch zu kennzeichnen, daß man unter Zuhilfenahme der an den vier Spielbretträndern verzeichneten Zahlen bzw. der Buchstaben die Lage des Anfangsbuchstabens markiert. Dabei wird bei waagerecht verlaufenden Wörtern zuerst die Zahl und dann der Buchstabe notiert, bei senkrecht liegenden Wörtern verfährt man umgekehrt – zuerst kommt der Buchstabe und dann die Zahl.

K =	4	K =	4
Ü = 6x2 =	12	L =	2
R =	1	E =	1
E =	1	B =	3
	18Punkte	E =	1
		N =	1
			12 Punkte

Michael legt

KÜRE + KLEBEN = **18 + 12 = 30 Punkte**
Restbuchstaben: D_1 I_1 R_1

Tip

Bitte stets daran denken: Prämien werden nur beim erstmaligen Besetzen eines Buchstaben- oder Wort-Prämienfeldes vergeben.

Zug 3 Einfaches Verlängern

Karin spielt mit den Buchstaben:
A_1 C_4 N_1 N_1 P_4 T_1 U_1

Wiederum stehen mehrere interessante Möglichkeiten zur Wahl:

TANNE	= 10 Punkte
PANNE	= 16 Punkte
PATEN	= 16 Punkte
PUTEN	= 16 Punkte
PENNT	= 16 Punkte
PAN* + KÜREN	= 23 Punkte
ANKLEBEN 14x3	= 42Punkte

Ausgelegt wird

ANKLEBEN = **42 Punkte**
Restbuchstaben: C_4 N_1 P_4 T_1 U_1

Das Verlängern um lediglich zwei Buchstaben bringt in diesem Fall die höchste Punktzahl, daher:

Tip

Immer darauf achten, ob man nicht mit einer Vor- oder auch Nachsilbe bzw. Endung in hochdotierte Prämienfelder vorstoßen kann.

Zug 4 Anspielen eines bereits gelegten Wortes unter Einbeziehung eines seiner Buchstaben. Sieben-Buchstaben-Wort mit 50 Sonderpunkten

Michael spielt mit den Buchstaben:
A_1 D_1 E_1 E_1 I_1 R_1 R_1

Auf den ersten Blick wirkt diese Buchstabenauswahl eher dürftig, vor allem auch wegen der niedrigen Einzelwerte. Jedoch

*(Pan = [poln.] Besitzer eines Gutes)

sollte man sich gerade wegen der geringen Punktzahl darüber im klaren sein, daß derartige Buchstaben auch leicht zu spielen sind, vor allem dann, wenn Vokale und Konsonanten günstig verteilt sind, wie im vorliegenden Falle. Michael muß sich also etwas Zeit zum Tüfteln lassen!
Bei einigem Hin- und Herschieben und Herumprobieren kristallisiert sich schließlich das Wort RADIERE heraus, das Michael an mehreren Stellen des Spielbrettes in den Fassungen RADIEREN, RADIEREN + RE + AN und RADIERER gut auslegen kann.
Am günstigsten ist die Plazierung auf dem Feld H1 (dreifacher Wortwert) senkrecht nach unten auf das N von ANKLEBEN.
Mit 50 Sonderpunkten für das Auslegen eines Sieben-Buchstaben-Wortes steigt Michaels Punktestand.

Er entscheidet sich für

RADIEREN	=	27 Punkte
Sonderpunkte	=	50 Punkte
		77 Punkte
Restbuchstaben: keine		

Tip

Bei guter Verteilung »billiger« Buchstaben immer auf alle sieben achten!

Zug 5 Verlängern und Überkreuzen

Karin spielt mit den Buchstaben:
C_4 D_1 K_4 N_1 P_4 T_1 U_1

Aus einer großen Anzahl von Auslegemöglichkeiten stechen einige besonders lukrative ins Auge:

DUCKTEN	13x2	=	26 Punkte
PUNKTE	12x2	=	24 Punkte
NECKT + NE*		=	19 Punkte
DRUCKT		=	22 Punkte
CUT + KÜRET*		=	23 Punkte
PUNKT + KÜREN		=	43 Punkte

Die letzte Lösung, die 43 Punkte bringt, ist ein ausgezeichnetes Beispiel für Überkreuzen mit Verlängerung. Wenn das überkreuzende Wort auch noch auf doppelten Wortwert gelangt, ergeben sich Punktwerte, die häufig über denen liegen, die bei dreifachem Wortwert herausspringen.

Karin entscheidet sich also für

PUNKT + KÜREN = **43 Punkte**
Restbuchstaben: C_4 D_1

---

* (NE = Umgangssprache für NEIN)
** (KÜRET = Konjunktiv von KÜREN)

Zug 6 Zweimal doppelter Wortwert bringt vierfachen Wortwert

Michael spielt mit den Buchstaben:
C_4 F_4 H_2 R_1 S_1 T_1 Z_3

Kein einziger Vokal! Zunächst könnte man meinen, Michael befände sich in einer schwierigen Spielsituation. Da aber auf dem Spielbrett genügend freie Vokale zur Verfügung stehen, hat Michael mit keinerlei Problemen zu rechnen. Wichtig ist jetzt, daß er seine Steine mit System sortiert und sie mit den auf dem Spielbrett befindlichen freistehenden Vokalen in Einklang bringt (siehe auch Beispiele Seite 75 ff.). Besonders günstig ist immer ein SCH. Lautlich entspricht es ja einem einzigen Buchstaben, ist daher beim Spielen gut zu handhaben.

Tip

Gut sortiert ist halb gewonnen! Nicht gleich mutlos werden, wenn die Vokale auf dem Bänkchen fehlen.

Das freie E auf dem Feld 5H wirkt außerordentlich vielversprechend und fordert regelrecht dazu heraus, nach einer Möglichkeit zu suchen, wie man beide rosa Felder zugleich besetzen kann. Mit dem Wort SCHERZT ist Michael das gelungen. Zu erreichen ist es in diesem Falle nur durch konsequente Benutzung der sich bietenden Beugungsformen, wie hier eben der dritten Person Einzahl von SCHERZEN.

Michael legt
SCHERZT = 13 x (2 x 2) = **52 Punkte**
Restbuchstabe: F_4

Tip

Wer wirklich gut spielen will, der muß alle sprachlichen Ausdrucksformen gebrauchen.

Zug 7 Brücken bauen

Karin spielt mit den Buchstaben:
C_4 D_1 E_1 L_2 O_2 $Ö_8$ U_1

Karin kann zwischen mehreren Möglichkeiten wählen, z. B.:

ÖLE + ES = 22 + 12 = 24 Punkte
(paralleles Legen mit nur einem Berührungspunkt)

ÖLE + SCHERZTE = 22 + 14 = 36 Punkte
(rechtwinkliges Ansetzen mit Verlängerung)

ÖLE + PUNKTE = 27 + 12 = 39 Punkte
(rechtwinkliges Ansetzen mit Verlängerung)

ÖLT = 22 Punkte
(einfaches Ansetzen im rechten Winkel)

ÖRE = 26 Punkte
(einfaches Überkreuzen eines Wortes)

BLÖDE + PUNKTE = 31 + 12 = 43 Punkte
(Brückenschlag von einem Wort zum anderen)

In manchen Spielsituationen kann man sogar mehrere Wörter mittels eines neuen überbrücken.

Karin entscheidet sich für
BLÖDE + PUNKTE = **43 Punkte**
Restbuchstaben: C_4 O_2 U_1

Tip

Es lohnt sich, geduldig und systematisch alle sich bietenden Chancen auszuloten.

Zug 8 Kleine Übung

Michael spielt mit den Buchstaben:
E_1 F_4 M_3 N_1 O_2 Q_{10} R_1

Diesmal überlasse ich es Ihnen, herauszufinden, welche Möglichkeiten des Auslegens sich bieten. Es gibt neben einigen durchschnittlichen Spielgelegenheiten auch welche, die über 20 Punkte hinausgehen. Ich sehe einmal die Chance für 24, einmal für 32 und einmal für 36 Punkte.
Michael entscheidet sich aber für den noch höheren Wert und bekommt **46 Punkte**. Wo? Probieren Sie selbst und schauen Sie dann auf dem abgedruckten Plan des Probespiels nach!
Restbuchstabe: Q_{10}

Zug 9 »Schwierige« Buchstaben

Karin spielt mit den Buchstaben:
C_4 I_1 L_2 O_2 R_1 U_1 Y_{10}

Einen Buchstaben wie das Y sollte man nicht lange aufbewahren, sondern ihn bei der nächsten günstigen Gelegenheit legen. Es ist der Buchstabe, den man nur in Fremdwörtern unterbringen kann, wobei das Kuriose an ihm ist, daß er eigentlich ja ein Vokal ist und dann wie eine Art Ü ausgesprochen wird, daß er aber auch als Konsonant Verwendung findet und dann wie ein J klingt. Natürlich sollte man aber auch nicht sofort in Panik geraten, wenn man das Y bekommt und nach der Devise handeln: Weg damit, nichts wie weg, egal wie! Wertsteigernd losschlagen sollte man diesen schönen Buchstaben im ureigensten Interesse und ihn keinesfalls »verschleudern«.
Karin entschließt sich zu dem wirklich einzig lohnenden Zug, bei dem das Y auf dreifachem Buchstabenwert liegt.
LYRA = **34 Punkte**
Restbuchstaben: C_4 I_1 O_2 U_1

Tip

Hoch bewertete Buchstaben bringen schon in der einfachen Verdoppelung hohe Gewinne ein, in der Verdreifachung erzielen sie Spitzenwerte.

Zug 10 Einfache Verlängerung

Michael spielt mit den Buchstaben:
D_1 D_1 E_1 G_2 Q_{10} U_1 V_6

Die einzig schwierige Entscheidung für Michael ist die, ob er das Q sofort auslegt, wenn auch ganz billig, nämlich für »lumpige« 12 Punkte mit dem Wörtlein QUA, oder ob er es riskiert, abzuwarten. Da er das so wichtige U schon hat und das Spiel über das ganze Brett schön weit aufgefächert ist, kann er sicher sein, das Q zu einem späteren Zeitpunkt auch noch setzen zu können. Er wartet ab und legt KÜRENDE. Dabei hat er auch den Hintergedanken, daß ihm eventuell das freistehende E von KÜRENDE dazu verhilft, sein Q später günstig loszuwerden.

Michael setzt
KÜRENDE = **30 Punkte**
Restbuchstaben: D_1 G_2 Q_{10} U_1 V_6

Tip

Man kann schwierige Buchstaben gefahrlos zurückhalten, wenn man sich taktisch klug verhält.

Zug 11 Taktische Überlegung

Karin spielt mit den Buchstaben:
$Ä_6$ C_4 H_2 I_1 O_2 S_1 U_1

Karin entschließt sich ziemlich spontan für den Spielzug SCHI + KÜRENDES – auch unter Vernachlässigung besserer Spielmöglichkeiten – weil sie hofft, mit dem Wort SCHI – gelegen zwischen zwei dunkelroten Feldern – in Zukunft vielleicht einen großen Coup landen zu können. Denn gerade dieses Wort – beginnend bei ABSCHIED und endend bei ZUSCHIEBT – ist eines von denen, die für solche heimlichen Aktionen wie geschaffen sind. Natürlich ist damit auch ein Risiko verbunden, denn Michael könnte ihr auf die Schliche kommen und selber davon profitieren, aber damit muß man bei waghalsigen Unternehmungen fast immer rechnen. Spannend ist die Angelegenheit auf jeden Fall, und das erhöht den Reiz jeden Spiels.

Karin setzt
SCHI + KÜRENDES = **28 Punkte**
Restbuchstaben: $Ä_6$ O_2 U_1

Zug 12 Das Q möglichst nicht lange behalten!

Michael spielt mit den Buchstaben:
D_1 G_2 I_1 O_2 Q_{10} U_1 V_6

Die Gelegenheit ist günstig, und Michael läßt sie bestimmt nicht vorübergehen! Das Q liegt auf dreifachem Wortwert.

QUIZ = **35 Punkte**
Restbuchstaben: D_1 G_2 O_2 V_6

Zug 13 Buchstaben sparen für besondere Gelegenheiten

Karin spielt mit den Buchstaben:
$Ä_6$ E_1 E_1 N_1 O_2 T_1 U_1

Karin setzt QUOTE über doppeltem Wortwert. Das N hält sie zurück, nicht weil sie befürchtet, Michael könnte sonst allzu leicht in den Bereich des dreifachen Wortwertes gelangen – das ließe sich wegen der Methode des Verlängerns und Überkreuzens ohnehin nicht verhindern –, sondern weil sie das N aufsparen möchte für die Verwirklichung ihres großen Traumes (zweimal dreifacher Wortwert, siehe Zug 11)!

Karin erhält für

QUOTE = 15 x 2 = **30 Punkte**
Restbuchstaben: $Ä_6$ E_1 N_1 O_2

Zug 14 Paralleles Legen mit mehr als einem Berührungspunkt

Michael spielt mit den Buchstaben:
A_1 D_1 G_2 N_1 O_2 U_1 V_6

Die ergiebigste und auch interessanteste Spielmöglichkeit bietet sich parallel zu einem Teil des Wortes BLÖDE. Beginnend beim Ö legt er das Wort DUNG senkrecht nach unten und bekommt damit gleichzeitig folgende Wörter: ÖD, DU, PUNKTEN. Wir wollen das Ganze in Ruhe durchrechnen. Wer diese Art des parallelen Ansetzens beherrscht, kann sich wirklich zu den Könnern unter den SCRABBLE-Spielern zählen.

Michael erhält für

DUNG	=	7 Punkte
ÖD	=	9 Punkte
DU	=	2 Punkte
PUNKTEN	=	13 Punkte
	=	**31 Punkte**
Restbuchstaben: A_1 O_2 V_6		

Zug 15 Dreimal dreifacher Wortwert bringt neunfachen Wortwert

Karin spielt mit den Buchstaben:
A_1 $Ä_6$ E_1 J_6 N_1 O_2 □

Es hat geklappt, die Rechnung ist aufgegangen. Mit dem A und dem Blankostein kann Karin nun rechts und links von SCHI anbauen und daraus MASCHINE machen.
Das Besetzen zweier dunkelroter Felder gleichzeitig gelingt sehr selten. Es gehören sehr viel Können und sehr viel Glück dazu.

Sie setzt

□ASCHINE = 11 x 9 = **99 Punkte**
Restbuchstaben: $Ä_6$ J_6 O_2

Was sollte man beim Spielen mit dem Blankostein beachten?
Im Spiel befinden sich zwei Blankosteine.

- Der Blankostein ist unser Joker; man darf ihn anstelle eines jeden anderen Buchstabens verwenden.
- Man darf den Blankostein nur einmal im Verlauf des Spiels verwenden und ihn nicht gegen den Buchstaben austauschen, den er repräsentieren soll – wie das mit Jokern in manchen Kartenspielen der Fall ist.
- Der Joker selbst bringt keine Punkte ein, auch nicht die Punkte, die sein im Moment durch ihn vertretener Buchstabe wert ist.
- Man sollte mit dem Blankostein pfleglich umgehen und ihn nicht gedankenlos einsetzen. Auch wenn er selbst keine Punkte einbringt, so ist er infolge seiner Wandlungsfähigkeit der Wegbereiter für die zahlreichen Sieben-Buchstaben-Wörter und Nothelfer in kritischen Situationen.
- Den Blankostein möglichst nicht auf Buchstaben-Verdoppelungsfelder setzen, denn das wären verschenkte Punkte.
- Selbstverständlich werden Wortwert-Verdoppelungsfelder mit dem darauf plazierten Blankostein wie üblich bewertet.

Zug 16 Paralleles Legen mit zwei Berührungspunkten

Michael spielt mit den Buchstaben:
A_1 F_4 I_1 N_1 O_2 V_6 W_3

Nun ist Michael etwas ins Hintertreffen geraten und muß sich gehörig anstrengen, um den Anschluß wiederzufinden. Also rechnet er sehr gründlich alle sich ihm bietenden Spielmöglichkeiten durch

VOM	= 21 Punkte
NOVA + AS	= 22 Punkte
AN + QUOTEN	= 22 Punkte

Er aber entscheidet sich für das Spiel mit den meisten Punkten.

Michael setzt

NAIV + SCHERZTEN + NA = **27 Punkte**
Restbuchstaben: F_4 O_2 W_3

Zug 17 Prämienfelder, die doppelt zählen

Karin spielt mit den Buchstaben:
$Ä_6$ G_2 I_1 J_6 O_2 S_1 U_1

Karin plaziert das J in die Ecke mit dem doppelten Buchstabenwert und bildet die Wörter JEUS und JE. Allein für das J erzielt sie (2x6) + (2x6) = 24 Punkte!

Karin legt

JEUS + JE = **29 Punkte**
Restbuchstaben: $Ä_6$ G_2 I_1 O_2

Regel

Neu besetzte Prämienfelder gelten für alle neuentstandenen Wörter eines Spielzuges.

Zug 18 Paralleles Legen mit nur einem Berührungspunkt

Michael spielt mit den Buchstaben:
A_1 F_4 G_2 H_2 O_2 T_1 W_3

Eigentlich gibt es nur zwei überlegenswerte Spielzüge, nämlich einmal in der linken Spielfeldhälfte TOGA + AS und ganz oben rechts in der Ecke unter Einbeziehung des dreifachen Wortwertes HO + HE (auch das sind Wörter, Ausrufewörter nämlich!). Beide Spielmöglichkeiten basieren auf der Methode des parallelen Legens mit nur einem einzigen Berührungspunkt!

HO	= 4 x 3	= 12 Punkte
HE	= 2 + 1	= 3 Punkte
		= 15 Punkte

Michael entscheidet sich selbstverständlich für die Lösung mit dem höheren Punkteergebnis und legt

TOGA	= 2 x 9	= 18 Punkte
AS	= 1 + 1	= 2 Punkte
		= 20 Punkte
Restbuchstaben: F_4 H_2 W_3		

Achtung

Die Methode des parallelen Legens mit nur einem Berührungspunkt wird häufig übersehen, daher bitte besonderen Augenmerk darauf richten!

Zug 19 Oft bringt dreifacher Buchstabenwert mehr ein als doppelter Wortwert

Karin spielt mit den Buchstaben:
$Ä_6$ G_2 I_1 O_2 S_1 S_1 T_1

Schon geraume Zeit schleppt Karin das Ä durch das Spiel, jetzt kommt der Zeitpunkt, zu dem sie es gewinnbringend ab-

stoßen möchte, solange es noch geht. Zwei gute Möglichkeiten stehen zur Verfügung:
SÄGT über doppelten Wortwert ergibt 20 Punkte und ÄON mit dem Ä über dreifachen Buchstabenwert 21 Punkte. Natürlich ist der Punkteunterschied nicht gravierend, und doch ist bemerkenswert, daß ÄON mit sogar einem Buchstaben weniger immer noch mehr Punkte einbringt.

Karin setzt

ÄON = (6 x 3) + 2 + 1 = **21 Punkte**
Restbuchstaben: G_2 I_1 S_1 S_1 T_1

Achtung

Hat man Buchstaben mit hohem Punktwert, besonderes Augenmerk auf dunkelblaue Prämienfelder haben.

Zug 20 Buchstabenprämie, die es in sich hat!

Michael spielt mit den Buchstaben:
E_1 E_1 F_4 H_2 T_1 W_3 X_8

Michael lacht das Glück! Er hat das X bekommen und ein E dazu! Und so kann er das dunkelblaue Feld ganz unten links wunderbar nutzen.

Er legt

EX = 25 Punkte
EH = 3 Punkte
XI = 25 Punkte
= **53 Punkte**
Restbuchstaben: E_1 F_4 H_2 T_1 W_3

Gibt es bei Ihnen etwa Bedenken wegen der Wörter EH und XI! EH hat unter anderem die Bedeutung von »ohnehin, sowieso« und XI ist ein griechischer Buchstabe (siehe auch Seite 33 ff.).
Michael hat Karin – wenn auch nur knapp – überrundet. Uns steht somit ein spannender Endspurt bevor.

Zug 21 Kleine Wörter, große Wirkungen

Karin spielt mit den Buchstaben:
G_2 I_1 M_3 N_1 S_1 S_1 T_1

Karin hat keine besonders guten Buchstaben, sie kann aber trotzdem mit dem Wörtlein INS über dreifachen Wortwert das teure Wort QUOTEN verlängern und überkreuzen.
INS ist übrigens die Kurzform von »in das«, wird garantiert ohne Apostroph geschrieben und darf daher bedenkenlos im SCRABBLE gesetzt werden (siehe auch Seite 35).

Karin legt

INS	=	9 Punkte
QUOTEN	=	16 Punkte
	=	**25 Punkte**
Restbuchstaben: G_2 M_3 S_1 T_1		

Tip

Sperren Sie sich bitte nicht gegen kleine Wörter aller Art, lernen Sie lieber welche dazu!

Zug 22 Offenes, raumgreifendes Spiel

Michael spielt mit den Buchstaben:
E_1 E_1 F_4 H_2 N_1 T_1 W_3

Michael muß nun, da ihn Karin wieder knapp überholt hat, um jeden Punkt kämpfen. Er tut das auf die bestmögliche Art, indem er die gewinnbringendste Gelegenheit ausnutzt, ohne dabei jedoch ängstlich zu blockieren.

WEHTEN + NAIVE = **24 Punkte**
Restbuchstabe: F_4

Achtung

Gutes SCRABBLE wird mutig, offensiv und fair gespielt!

Zug 23 Endphase

Karin spielt mit den Buchstaben:
B_3 G_2 I_1 M_3 M_3 S_1 T_1

Bis zuletzt ist das Spiel offen. Karin kämpft um jeden Punkt. Sie ist gleichzeitig darauf bedacht, jetzt, wo es dem Ende zugeht, die vielen Konsonanten, die sie noch auf dem Bänkchen liegen hat, nach Möglichkeit zu reduzieren.

Sie legt
NIMMST = **24 Punkte**
Restbuchstaben: B_3 G_2

Zug 24 Ballast abwerfen!

Michael spielt mit den Buchstaben:
E_1 F_4 H_2 M_3 S_1 S_1 □

Der Spielstand ist 438 : 425 für Karin. Es gilt, möglichst gut zu spielen und möglichst wenig Steine übrigzubehalten, denn gleich ist Schluß!
Michael spielt mit dem Blankostein.

Er legt
DUM□FES = **22 Punkte**
Restbuchstaben: H_2 S_1

Zug 25 Schluß!

Karin spielt mit den Buchstaben:
B_3 E_1 G_2 U_1

Karin legt
BUGES = **16 Punkte**

Sie hat alle Steine ausgelegt, und das Spiel ist somit zu Ende. Was bleibt zu klären übrig?

Die Endabrechnung

- Hat ein Spieler alle seine Steine gesetzt, so ist das Spiel *sofort* beendet, ganz gleich, ob der andere Spieler noch hätte weiterspielen können oder nicht.
- Die Punkte der noch übriggebliebenen Buchstaben werden dem Spieler gutgeschrieben, der zuerst fertig geworden ist. Demjenigen aber, der sie übrigbehalten hat, werden sie abgezogen.
- Die Partie ist ebenfalls beendet, wenn beide Teilnehmer nicht mehr ansetzen können. In diesem Falle werden jedem Spieler die Punkte der Buchstaben abgezogen, die er übrigbehalten hat.
- Nehmen an einem Spiel mehr als zwei Personen teil, so werden demjenigen, der als erster fertig ist, die Punkte der übriggebliebenen Buchstaben sämtlicher Spieler dazugerechnet, während jedem der anderen Spieler seine eigenen Minuspunkte abgezogen werden. Konnte keiner alle Steine spielen, wird der Wert der jedem Spieler verbliebenen Steine abgezogen und niemandem eine Gutschrift erteilt.

Auf unserer Tabelle mit dem Punktestand (Seite 38) sehen Sie, wie das Spiel ausgegangen ist. Der Endstand ist 457 : 444 für Karin. Zusammen wurden demzufolge 901 Punkte erspielt, eine beachtliche Leistung. Viele Punkte erhielten RADIEREN, das Sieben-Buchstaben-Wort und MASCHINE, zweimal dreifacher Wortwert.

Tauschen und Aussetzen

In dem eben abgeschlossenen Probespiel hat sich für keinen der beiden Spieler die Notwendigkeit ergeben, zu tauschen oder auszusetzen. Deshalb sollen die Fragen und Überlegungen, die bei diesen beiden Spieltaktiken eine Rolle spielen können, als Nachtrag zum Probespiel erläutert werden.

Was muß man beim Tauschen beachten?

- Tauscht man, so muß man die Buchstaben, die man auswechseln möchte, verdeckt auf den Tisch legen, damit jeder sehen kann, wie viele es sind, aber nicht, welche.
- Anschließend zieht man aus dem Säckchen die gleiche Anzahl neuer Steine und legt sie auf sein Bänkchen.

• Die zum Auswechseln bestimmten Buchstaben werden danach in den Beutel zurückgetan, wobei man nochmals gut durchmischt.

• Das Tauschen entspricht einem Spielzug. Wer tauscht, darf demzufolge erst wieder bei der nächsten Runde setzen.

• Man darf tauschen, so oft man möchte, sogar in der Endphase des Spiels, wenn nur noch sehr wenige Steine im Beutel sind.

• Tauschen jedoch alle Mitspieler zweimal hintereinander – was ja einem Aussetzen gleichkommt – so gilt das Spiel als beendet, auch wenn noch reichlich Steine im Säckchen vorhanden sind! Den Mitspielern werden dann die auf ihren Bänkchen befindlichen Buchstabenwerte abgezogen.

• Wer tauscht, sollte ins Kalkül ziehen, daß er durch das damit verbundene Aussetzen einen Zug »verliert«. Er sollte also vor dem Tauschen den Spielkontostand überprüfen.

Wann sollte man tauschen?

• Wenn man eine sehr ungünstige Buchstabenauswahl auf seinem Bänkchen liegen hat.

• Wenn man fast nur Vokale besitzt.

• Wenn man nur Konsonanten hat und auf dem Spielplan keine freien Vokale zur Verfügung stehen.

• Wenn man einen bestimmten Buchstaben dringend benötigt und berechtigte Hoffnung besteht (nachzählen!) ihn zu ziehen.

Was sollte man beim Aussetzen beachten?

• Es gibt zwei Arten des Aussetzens: das freiwillige und das unfreiwillige. Das freiwillige Aussetzen geschieht aus spieltaktischen Erwägungen heraus, das unfreiwillige durch eine Zwangssituation. Sie ergibt sich in der Endphase, wenn im Säckchen keine Steine mehr enthalten sind und man keine Möglichkeit mehr sieht, die eigenen anzulegen. Also ist man genötigt, auszusetzen, in der Hoffnung, der Zug des Mitspielers würde einem vielleicht die Chance bieten, weiterzuspielen.

• Man darf aussetzen, solange man möchte. Setzen jedoch alle Mitspieler zweimal hintereinander aus, so ist das Spiel beendet. Letzteres ist mir ausschließlich aus der Endphase eines Spieles bekannt.

• Wer aussetzt, büßt einen Spielzug ein. Er sollte daher beim freiwilligen Aussetzen vorher überprüfen, ob sein Punktestand dieses Risiko zuläßt.

Wann sollte man aussetzen?

• Gleich zu Beginn des Spiels, bei der Eröffnung. Stellt man dann nämlich fest, daß man sieben wundervolle Konsonanten vor sich liegen hat, zu denen einem für ein fertiges Wort lediglich ein einziger Vokal fehlt, sollte man seinem Mitspieler den Vortritt lassen und aussetzen. Die Chancen, ein fehlendes E, I oder sogar A vorgelegt zu bekommen (andere Vokale sind etwas schwieriger, da seltener), sind ziemlich gut. Bei manchen Wörtern passen sogar zwei bis drei Vokale gleichzeitig, wie etwa bei SCHW TZT

(A, Ä oder I) oder SCH RRST. Woher ich das alles habe? Schauen Sie doch einmal in der von mir erarbeiteten Tabelle auf Seite 61 ff. nach, da finden Sie noch mehr solcher Konsonantenverbindungen.

- In der ersten Hälfte des Spiels und eventuell auch noch während des weiteren Verlaufs; das hängt davon ab, ob das Spiel schön großflächig über das Spielbrett verteilt ist. Wenn Sie dann ein komplettes Sieben-Buchstaben-Wort Ihr eigen nennen und keine passende Anlegemöglichkeit finden, dann lohnt es sich, abzuwarten – und sein schönes Wort nicht zu zerreißen – in der Hoffnung, daß Ihr Mitspieler Ihnen eine kleine Brücke baut, über die Sie schreiten können. Hat er Verdacht geschöpft und ist er gemein, dann blockiert er. In so einem Falle wäre es natürlich zwecklos, ein weiteres Mal auszusetzen.
- Gegen Ende des Spiels, wenn nur noch sehr wenige Buchstaben im Säckchen sind. Hegen Sie dann den Verdacht, daß sich das Q oder ein anderer hochkarätiger, schwer zu spielender Buchstabe darunter befindet – eventuell durch den Mitspieler gerade erst während einer Tauschaktion hineingelegt –, dann setzen Sie aus! Nun ist Ihr Gegner wieder am Zuge. Setzt er ebenfalls aus, müssen Sie sich Ihr weiteres Taktieren jetzt genau überlegen. Sollte es durch zweimaliges Aussetzen beider Spieler zu einem sofortigen Abbruch des Spiels kommen, ist es für Sie dann möglicherweise von Nachteil, wenn Sie noch einige hochbewertete Steine Ihr eigen nennen. In einer solchen Spielsituation könnte es ratsamer sein, vorsichtig weiterzuspielen, das heißt, möglichst wenige Buchstaben anzulegen, um möglichst wenige dazukaufen zu müssen. Die Chance, dabei von Q oder V verschont zu bleiben, ist so größer. Der Mitspieler muß ähnlich taktieren, wenn er nicht weiß, was Sie gezogen haben. Sind noch Steine im Säckchen übrig, könnten Sie unliebsame Buchstaben beim nächsten Zug noch tauschen.

Jedenfalls sollten Sie in solchen wichtigen Spielphasen Mimik und Ausdrucksweise (Interjektionen aller Art!) unter Kontrolle halten, damit Ihr Gegner über Ihre Buchstabenausbeute im unklaren gelassen wird. Denn ich weiß aus Erfahrung, daß versierte Spieler in solchen kritischen und spannungsgeladenen Momenten ihren Partner beobachten wie ein Kriminalkommissar einen Verdächtigen, und jedes Zucken der Mundwinkel oder Spitzen der Lippen genau zu deuten wissen.

Andererseits entwickeln manche Spieler in derartigen und ähnlichen Fällen ungeahntes komödiantisches Talent, mit dem sie den Mitspieler zu bluffen versuchen. Um dabei mithalten zu können, ist es am besten, einmal gelassen zu bleiben und Ruhe zu bewahren und ein andermal wieder seinem Temperament freien Lauf zu lassen – dann weiß der andere bestimmt nicht, wie Sie im Moment einzuschätzen sind!

Übungen mit Buchstaben

Mag jemand zum SCRABBLE auch noch soviel Begabung mitbringen, ohne Übung und Erfahrung wird er es in diesem Spiel wohl nicht sehr weit bringen. Erfahrung erwirbt man sich im Laufe der Zeit, beim regelmäßigen Spielen mit unterschiedlichen Partnern. Üben kann man hingegen auch beim Spielen mit sich selbst, sei es, daß man ein Spiel mit einem fingierten Partner simuliert, sei es aber auch, daß man – vor allem dann, wenn man noch sehr ungeübt ist – einfach nur die Buchstaben herholt und mit ihnen ein wenig herumexperimentiert.

Buchstaben sortieren

Jeder von uns hat irgendwann einmal irgendwo klein angefangen! Ob in der Schule beim Buchstabieren, in der Tanzstunde beim Üben des Wechselschritts oder wo sonst auch immer. Und so möchte ich also jetzt mit Ihnen üben, wie man seine SCRABBLE-Buchstaben richtig sortiert! Keine Angst, es ist überhaupt nicht kompliziert oder umständlich, und Sie werden es – das garantiere ich – ganz schnell erlernen!
Ich kenne einen Herrn, der schon jahrelang SCRABBLE spielt und der trotzdem noch immer nicht weiß, wie man seine Steine auf dem Bänkchen richtig ordnet. Dieser Herr spielt gut, aber – davon bin ich felsenfest überzeugt – er würde noch viel besser spielen, wenn er sinnvoller sortierte. Selbstverständlich mag es SCRABBLE-Genies geben, die aus einem wirren Haufen lose aufs Bänkchen gelegter Steine in Sekundenschnelle in ihrem Kopf alle Spielmöglichkeiten durchexerzieren, durchprobieren, durchchecken, ohne daß sie es nötig hätten, auch nur einen einzigen Stein umzustellen! So ein Genie ist mir leider noch nicht begegnet! Schade! Ich würde allzugern mit ihm eine Partie SCRABBLE riskieren! Also: Ich sortiere meine Steine immer schön brav und ordentlich – und ich rate Ihnen, es mir gleichzutun! Daß es absoluter Unsinn wäre, die Buchstaben in alphabetischer Reihenfolge auf das Bänkchen zu stellen – das haben Sie höchstwahrscheinlich auch schon festgestellt. Bei Probespielen und in Denkaufgaben wird es so gemacht – der Ordnung halber. Das erste, was ich tue, wenn ich derartige Aufgaben zu lösen beabsichtige, ist, daß ich meine eigene Ordnung in die Buchstabenreihe hineinbringe, sie also so lege, wie ich damit am erfolgversprechendsten arbeiten kann.

Tip

Wer gut vorsortiert, hat halb gewonnen.

Zuallererst schaut man sich einmal seine Vokale und Umlaute an. Hat man nur einen oder zwei, so legt man sie zunächst beiseite und wendet sich den Konsonanten zu, hat man aber mehrere davon gezogen, so versucht man, ein wenig Ordnung in sie hineinzubringen.

Nach welchen Prinzipien aber kann man eine solche Ordnung herstellen, wonach kann man sich richten? Es gibt in jeder Sprache Laute und Lautverbindungen, die in schöner Regelmäßigkeit wiederkehren, und es gibt solche, die überhaupt nicht vorkommen.

Die meisten Griechen können beispielsweise kein SCH aussprechen, die Russen stehen auf dem Kriegsfuß mit dem Ö, dem Ü und dem H, und die Chinesen bringen kein R zustande. Selbstverständlich gibt es andererseits aber auch eine Menge Laute, die wir Deutschen in unserer Sprache nicht besitzen und die wir daher auch nicht korrekt aussprechen können. Das englisch TH gehört dazu oder auch das Z aus vielen slawischen Sprachen (das ähnlich wie ein stimmhaftes SCH klingt) und ebenso das französische J, das bei uns immer wie ein gewöhnliches SCH klingt.

Und so, wie es sich mit den einzelnen Lauten verhält, genauso verhält es sich auch mit ganzen Lautgruppen. Was in der einen Sprache regelmäßig wiederkehrt, das ist in der anderen vollkommen ungebräuchlich. Kennen Sie vielleicht die schöne jugoslawische Insel Krk? Ist der Hradschin in Prag Ihnen ein Begriff? Sicherlich! Aber genauso sicher ist es auch, daß es Ihnen sehr schwerfallen dürfte, diesen Namen korrekt auszusprechen. Oder wollen Sie sich einmal an »Ljubljana« die Zähne ausbeißen – Verzeihung – die Zunge verrenken?

Geben Sie sich keine Mühe, Sie schaffen es doch nicht, falls Sie nicht von Jugend an mit diesen Lauten auf du und du stehen. Die Konsonantenverbindung KRK gibt es im Deutschen nicht und auch nicht die HR, bei der das H richtig als eigenständiger Laut zu hören sein muß. In der Mitte eines Wortes tritt die Zusammenstellung von H und R schon auf, etwa bei EHRE, allerdings dient dieses H dann lediglich dazu, um anzudeuten, daß das E lang gesprochen werden soll. Unbekannt ist bei uns auch die Vokalzusammenstellung IU, während UI durchaus gebräuchlich ist, etwa in dem Wort RUINE. Es gäbe noch eine große Menge sehr interessanter Beispiele dieser Art aus vielen Sprachen der Welt. Ich will es damit aber genug sein lassen. Das, was ich Ihnen verdeutlichen wollte, ist – so glaube und hoffe ich inzwischen doch klargeworden: daß es also in jeder Sprache – und somit auch im Deutschen – Lautverbindungen gibt, die mit schöner Regelmäßigkeit immer wiederkehren. Und zwar treten sie sowohl im Bereich der Vokale als auch im Verein mit den Umlauten auf, und es gibt sie auch und vor allem bei den Konsonanten! Ich habe nun versucht, für Sie die gebräuchlichsten, die weniger gebräuchlichen und die seltenen

Lautverbindungen – getrennt nach Vokalen plus Umlauten und nach Konsonanten – zusammenzustellen. Auf Vollständigkeit kann ich gewiß keinen Anspruch erheben, aber ganz gewiß auf Nützlichkeit! Die sehr gebräuchlichen Lautverbindungen stammen natürlich aus dem Hochdeutschen, die weniger üblichen aus dem Niederdeutschen, aus verschiedenen deutschen Dialekten und aus Fremdwörtern, und die ganz seltenen fand ich in Wörtern, die direkt der Sprache eines anderen Kulturkreises zugehören, wie etwa in dem Wort Dschunke, das ja aus dem Malaiischen kommt.

Vokal- und Umlautverbindungen

A	Ä	E	I	O	U
AA (Saal)	ÄO (Äon)	EA (Real)	IA (Dia)	OA (Boa)	UA (Papua)
AI (Hai)	ÄU (Räuber)	EE (See)	IE (Die)	OE (Aloe)	UE (Tue)
AO (Chaos)	ÄUE (Säue)	EI (Leib)	IO (Ion)	OI (Ahoi!)	UI (Ruin)
AU (Haus)		EO (Geologe)	IAU (Miau!)	OO (Moos)	
AIE (Haie)		EU (Neu)	IOU (Sioux)	OU (Clou)	
AUE (Bauer)		EIA (Heia!)			
		EIE (Leier)			
		EUE (Neue)			

Übrigens: Diese Beispiele umfassen ausschließlich Vokal- und/oder Umlautverbindungen, die innerhalb *eines* Wortstammes mit seinen Flexionen auftreten können! Sie beziehen sich nicht auf Zusammensetzungen zweier selbständiger Wörter (See-adler) oder etwa eines Wortes und einer Vor- bzw. Nachsilbe (be-eilen oder böig)!

Konsonantenverbindungen

Buch-stabe	am Anfang eines Wortes		in der Mitte eines Wortes		am Ende eines Wortes	
B	BL	(bleiben)	BB	(Ebbe)	BS	(Diebs)
	BR	(bringen)	BD	(Gelübde)	BT	(lebt)
			BN	(ebne)	BBT	(robbt)
			BR	(fiebrig)	BST	(lebst)
			BS	(Krebse)	BBST	(robbst)
			BT	(Abteil)	BSCH	(hübsch)
			BBL	(babble)	BSCHT	(glubscht)
			BBT	(robbten)	BSCHST	(glubschst)
			BST	(Liebste)		
			BSCH	(hübsche)		
			BSCHT	(glubschte)		
			BSCHST	(hübschste)		
C	CH	(Chef)	CC	(Mocca)	CH	(Spruch)
	CL	(Clown)	CH	(sprechen)	CK	(Sack)
	CR	(Crew)	CK	(sacken)	CS	(Tics)
	CS	(Csikós)	CR	(Acre)	CHS	(Lachs)
	CHL	(Chlamys)	CT	(Action)	CHT	(Macht)
	CHR	(Chrom)	CHS	(wachsen)	CHZ	(ächz)
	CHT	(chtonisch)	CHT	(rechten)	CKS	(glucks)
			CHZ	(ächzen)	CKT	(gluckt)
			CKS	(glucksen)	CHST	(lachst)
			CKT	(glückten)	CHTS	(nachts)
			CHST	(wachsten)	CHZT	(ächzt)
			CHZT	(ächzten)	CKST	(gluckst)
			CKST	(glucksten)	CKSCH	(mucksch)
			CKSCH	(muckschen)	CKSCHT	(muckscht)
			CKSCHT	(muckschten)	CKSCHST	(muckschst)

Buchstabe	am Anfang eines Wortes		in der Mitte eines Wortes		am Ende eines Wortes	
D	DR	(Drang)	DD	(Kladde)	DS	(Rads)
	DW	(Dweil)	DL	(edle)	DT	(Stadt)
	DSCH	(Dschunke)	DR	(modre)		
			DST	(rüdste)		
F	FL	(Fluß)	FF	(Affe)	FF	(Schiff)
	FR	(frei)	FL	(schaufle)	FS	(Rufs)
			FR	(liefre)	FT	(Heft)
			FT	(Säfte)	FFS	(Schiffs)
			FZ	(Lefze)	FFT	(trifft)
			FFL	(scheffle)	FST	(strafst)
			FFR	(Chiffre)	FTS	(Hefts)
			FFT	(schaffte)	FFST	(triffst)
			FST	(schiefste)		
			FFST	(schroffste)		
G	GL	(Glas)	GG	(Egge)	GG	(egg)
	GN	(Gnade)	GL	(segle)	GS	(Tags)
	GR	(Gras)	GN	(segne)	GT	(sagt)
	GW	(Gwirkst)	GR	(magre)	GGT	(eggt)
			GT	(sagte)	GST	(sagst)
			GGT	(eggte)	GGST	(eggst)
			GST	(regste)		

Buchstabe	am Anfang eines Wortes		in der Mitte eines Wortes		am Ende eines Wortes	
H			HD	(Mähder)	HM	(Lehm)
			HL	(Fehler)	HN	(Hahn)
			HM	(lahmen)	HR	(Rohr)
			HN	(sehnen)	HS	(Rehs)
			HR	(ehren)	HT	(weht)
			HT	(ruhten)	HLS	(Mehls)
			HLT	(fehlten)	HLT	(fehlt)
			HMT	(lahmten)	HMS	(Lehms)
			HNT	(sehnten)	HMT	(lahmt)
			HRT	(ehrten)	HNS	(Hahns)
			HST	(rauhste)	HNT	(mahnt)
			HLST	(kühlste)	HRS	(Rohrs)
			HMST	(lahmste)	HRT	(wehrt)
			HNST	(kühnste)	HLST	(mahlst)
			HRST	(wahrste)	HMST	(lahmst)
					HNST	(sehnst)
			HD	(Mahd)	HRST	(ehrst)
			HL	(Mehl)		
K	KH	(Khaki)	KL	(eklig)	KS	(Klamauks)
	KL	(klein)	KN	(Akne)	KT	(Akt)
	KN	(Knie)	KR	(Akribie)	KTS	(Takts)
	KR	(Kram)	KS	(giksen)		
	KW	(Kwass)	KT	(takte)		
	KHM	(Khmer)				
L	LL	(Llano)	LB	(kalben)	LB	(Kalb)
			LD	(melden)	LD	(Wald)
			LF	(helfen)	LF	(Schelf)

Buchstabe	am Anfang eines Wortes	in der Mitte eines Wortes		am Ende eines Wortes	
		LG	(balgen)	LG	(Balg)
		LK	(kalken)	LK	(Pulk)
		LL	(bellen)	LL	(Fell)
		LM	(malme)	LM	(Halm)
		LN	(Kölner)	LN	(segeln)
		LP	(schilpen)	LP	(Schulp)
		LR	(Alraune)	LS	(Hals)
		LS	(halsen)	LT	(Halt)
		LT	(halten)	LZ	(Pelz)
		LV	(Malve)	LBS	(Kalbs)
		LZ	(schmelzen)	LBT	(kalbt)
		LBT	(kalbte)	LCH	(Elch)
		LCH	(welche)	LDS	(Walds)
		LFT	(Halfter)	LFS	(Golfs)
		LGT	(balgten)	LFT	(hilft)
		LKT	(kalkten)	LGS	(Balgs)
		LLN	(Kellner)	LGT	(balgt)
		LLT	(hallten)	LKS	(Kalks)
		LMT	(almten)	LKT	(kalkt)
		LPH	(Alphabet)	LLT	(bellt)
		LPS	(rülpsen)	LMS	(Halms)
		LPT	(schilpten)	LMT	(almt)
		LST	(halsten)	LND	(hagelnd)
		LZT	(salzten)	LNS	(Hagelns)
		LCHT	(milchten)	LPS	(Schulps)
		LDST	(holdste)	LPT	(schilpt)
		LKST	(welkste)	LST	(halst)
		LLST	(hellste)	LZT	(balzt)
		LPST	(rülpsten)	LBST	(kalbst)

Buchstabe	am Anfang eines Wortes		in der Mitte eines Wortes		am Ende eines Wortes	
			LSCH	(fälschen)	LCHS	(Elchs)
			LSCHT	(feilschten)	LCHT	(milcht)
					LFST	(hilfst)
					LGST	(balgst)
					LKST	(kalkst)
					LLST	(bellst)
					LMST	(almst)
					LPST	(rülpst)
					LSCH	(welsch)
					LSCHT	(fälscht)
					LSCHST	(fälschst)
M	MN	(Mneme)	MB	(Amboß)	MB	(tumb)
			MD	(Hemden)	MD	(Hemd)
			MK	(Imker)	MM	(dumm)
			MM	(kommen)	MP	(Camp)
			MN	(Anamnese)	MS	(Doms)
			MP	(pumpen)	MT	(Amt)
			MS	(einheimsen)	MBS	(Aplombs)
			MT	(reimte)	MBT	(bombt)
			MBT	(bombte)	MDS	(Hemds)
			MML	(sammle)	MMS	(Kamms)
			MMT	(trimmten)	MMT	(kommt)
			MPF	(impfen)	MPF	(Schimpf)
			MPT	(pumpten)	MPS	(Pomps)
			MST	(einheimsten)	MPT	(pumpt)
			MBST	(tumbste)	MST	(einheimst)
			MMST	(schlimmste)	MTS	(Amts)
			MSCH	(ramschen)	MBST	(bombst)

Buchstabe	am Anfang eines Wortes	in der Mitte eines Wortes		am Ende eines Wortes	
		MPFT	(schimpften)	MMST	(kommst)
		MSCHT	(ramschten)	MPFS	(Kampfs)
		MPFST	(dumpfste)	MPFT	(schimpft)
				MPST	(pumpst)
				MSCH	(Ramsch)
				MPFST	(schimpfst)
				MSCHT	(ramscht)
				MSCHST	(ramschst)
N		ND	(binden)	ND	(Hund)
		NF	(hänfen)	NF	(Hanf)
		NG	(bringen)	NG	(Hang)
		NK	(winken)	NK	(Tank)
		NN	(kennen)	NN	(Mann)
		NS	(linsen)	NS	(uns)
		NT	(Winter)	NT	(Stint)
		NZ	(lenzen)	NZ	(Lenz)
		NCH	(mancher)	NCH	(Lunch)
		NDR	(andre)	NDS	(Hunds)
		NFT	(sanfte)	NFS	(Senfs)
		NGT	(bangte)	NFT	(sanft)
		NKT	(lenkten)	NGS	(Gangs)
		NNT	(kannte)	NGT	(bangt)
		NSR	(unsre)	NKS	(Tanks)
		NST	(Ginster)	NKT	(lenkt)
		NTH	(Panther)	NNS	(Manns)
		NTR	(Pantry)	NNT	(kennt)
		NZT	(grunzte)	NST	(linst)
		NCHT	(tünchte)	NTS	(Stints)

Buch-stabe	am Anfang eines Wortes		in der Mitte eines Wortes		am Ende eines Wortes	
			NGST	(ängstigen)	NZT	(grunzt)
			NSCH	(Menschen)	NCHS	(Lunchs)
			NSCHT	(panschten)	NCHT	(tüncht)
			NTSCH	(pantschen)	NGST	(Angst)
			NTSCHT	(pantschten)	NSCH	(Punsch)
					NSCHS	(Punschs)
					NSCHT	(panscht)
					NSCHST	(panschst)
					NTSCHT	(pantscht)
					NTSCHST	(pantschst)
	PF	(Pfanne)	PSCHT	(pscht)	PPL	(Applaus)
	PH	(Physik)			PSCH	(grapschen)
	PL	(Plan)	PF	(stopfen)	PSCHT	(grapschten)
	PN	(Pneu)	PH	(Strophe)	PF	(Kopf)
	PR	(Preis)	PL	(duplizieren)	PP	(stopp)
	PS	(Psalm)	PP	(tappen)	PS	(Raps)
	PFL	(Pflaume)	PR	(April)	PFS	(Topfs)
	PHR	(Phrase)	PS	(hopsen)	PFT	(stopft)
	PST	(pst)	PT	(optimal)	PPL	(Stoppler)
			PFL	(gipflig)	PPS	(Stopps)
			PFT	(stopften)	PPT	(stoppt)
					PFST	(stopfst)
					PSCHT	(grapscht)
					PSCHST	(grapschst)

Buchstabe	am Anfang eines Wortes		in der Mitte eines Wortes		am Ende eines Wortes	
R	RH	(Rhombus)	RB	(erben)	RB	(herb)
	RW	(Rwander)	RC	(Arcus)	RD	(Herd)
			RD	(erden)	RF	(scharf)
			RF	(Harfen)	RG	(Berg)
			RG	(bergen)	RK	(Quark)
			RK	(harken)	RL	(Kerl)
			RL	(Kerle)	RM	(Arm)
			RM	(lärmen)	RN	(Farn)
			RN	(lernen)	RR	(starr)
			RP	(Knorpel)	RS	(Vers)
			RS	(Hirse)	RT	(Wart)
			RT	(Gerte)	RV	(kurv)
			RV	(entlarven)	RZ	(Herz)
			RX	(Marxist)	RBS	(Korbs)
			RZ	(schmerzen)	RBT	(erbt)
			RBS	(Erbse)	RCH	(pferch)
			RBT	(erbte)	RDS	(Herds)
			RCH	(arche)	RFS	(Schorfs)
			RDN	(ordnen)	RFT	(schärft)
			RDR	(Ordre)	RGS	(Wergs)
			RFT	(harfte)	RGT	(würgt)
			RGG	(ferggen)	RKS	(Werks)
			RGT	(sorgte)	RKT	(wirkt)
			RKH	(Gurkha)	RLS	(Kerls)
			RKS	(murksen)	RLT	(perlt)
			RKT	(harkte)	RMS	(arms)
			RLT	(quirlte)	RMT	(wärmt)
			RRH	(Diarrhö)	RNS	(Farns)
			RRT	(irrte)	RNT	(warnt)

Buchstabe	am Anfang eines Wortes		in der Mitte eines Wortes		am Ende eines Wortes	
			RST	(erste)	RRS	(Gewirrs)
			RVT	(nervte)	RRT	(irrt)
			RBST	(derbste)	RVT	(nervt)
			RCHT	(pferchte)	RZT	(scherzt)
			RFST	(schärfste)	RBST	(erbst)
			RGST	(ärgste)	RCHS	(Pferchs)
			RKST	(stärkste)	RFST	(schärfst)
			RRST	(wirrste)	RGST	(würgst)
			RSCH	(barsche)	RKST	(wirkst)
			RTHR	(Arthrose)	RLST	(quirlst)
			RRSCH	(herrsche)	RMST	(wärmst)
			RRSCHT	(herrschte)	RNST	(lernst)
					RRST	(sperrst)
					RSCH	(Pirsch)
					RVST	(nervst)
					RBSTS	(Herbsts)
					RCHST	(pferchst)
					RSCHS	(Barschs)
					RRSCHT	(herrscht)
					RSCHST	(pirschst)
					RRSCHST	(herrschst)
S	SB	(Sbirre)	SB	(Asbest)	SH	(Squash)
	SC	(Scala)	SC	(Mascara)	SK	(brüsk)
	SF	(Sforzato)	SH	(Geisha)	SS	(nass)
	SH	(Shag)	SK	(Maske)	ST	(Mist)
	SK	(Skote)	SL	(Grisli)	SCH	(Tisch)
	SL	(Slang)	SM	(Plasma)	SST	(passt)

Buchstabe	am Anfang eines Wortes		in der Mitte eines Wortes		am Ende eines Wortes	
	SM	(Smog)	SP	(Wespe)	STS	(Mists)
	SN	(Snob)	SQ	(Esquire)	SCHS	(Rauschs)
	SP	(spielen)	SS	(Essen)	SCHT	(mischt)
	SQ	(Squash)	ST	(rosten)	SCHST	(mischst)
	ST	(Stadt)	SZ	(lasziv)		
	SW	(Sweater)	SCH	(mischen)		
	SZ	(Szene)	SPH	(Asphalt)		
	SBR	(Sbrinz)	SPR	(Esprit)		
	SCH	(Scherz)	SST	(passte)		
	SCR	(Script)	STH	(Ästhet)		
	SGR	(Sgraffito)	STR	(Estrich)		
	SPR	(Sprache)	SCHN	(Mischna)		
	STR	(Strauch)	SCHT	(naschte)		
	SCHL	(Schlange)	STHM	(Asthma)		
	SCHM	(Schmaus)				
	SCHN	(Schnee)				
	SCHR	(Schreck)				
	SCHW	(Schwein)				
T	TH	(Theke)	TH	(Athener)	TH	(Iwrith)
	TJ	(Tjalk)	TM	(Etmal)	TS	(Boots)
	TR	(Trank)	TR	(Mitra)	TT	(satt)
	TW	(Twill)	TT	(Matte)	TZ	(Netz)
	THR	(Thron)	TW	(Latwerge)	TTS	(Kitts)
			TZ	(nutzen)	TZT	(platzt)
			THL	(Athlet)	TSCH	(Quatsch)
			THN	(Ethnie)	TSCHS	(Quatschs)
			TZT	(nützte)	TSCHT	(quatscht)
			TSCH	(quatschen)	TSCHST	(quatschst)

Buch-stabe	am Anfang eines Wortes		in der Mitte eines Wortes		am Ende eines Wortes	
			TSCHT	(quatschten)		
V	VL	(Vlies)	VT	(luvten)	VS	(Archivs)
			VR	(Livree)	VT	(luvt)
			VST	(naivste)	VST	(luvst)
W	WH	(Whiskey)	WR	(Wrack)	WS	(Crews)
			WR	(Iwrith)		
X			XL	(Kraxler)	XT	(mixt)
			XT	(mixte)		
Z	ZN	(Znüni)	ZT	(heizte)	ZT	(heizt)
	ZW	(zwei)	ZZ	(quizzen)	ZZ	(Jazz)
			ZZL	(Puzzle)	ZZT	(quizzt)
			ZZT	(quizzte)	ZZST	(quizzst)

Auch in dieser Tabelle habe ich nur die im reinen Wortstamm mit seinen Beugungsformen auftretenden Konsonantenverbindungen zusammengestellt. Konsonanten reihen sich innerhalb eines einzigen Wortes aber auch dann aneinander, wenn

- ein mit einem Konsonanten endendes Vor-Wort an ein mit einem Konsonanten beginnendes Stamm-Wort stößt, wie etwa bei:

  voll-bringen, auf-fressen, aus-suchen.

- eine mit einem Konsonanten beginnende Nachsilbe an ein mit einem Konsonanten endendes Stamm-Wort gesetzt wird:

  Kind-heit, erb-lich, folg-sam.

- ein mit einem Konsonanten endendes und ein mit einem Konsonanten beginnendes Substantiv, Verbum oder Adjektiv zu einem Wort zusammenschmelzen, wie etwa bei:

  Wunsch-traum, engels-gleich, schwarz-sehen.

Diese Arten von Konsonantenverbindungen unterliegen keinerlei Gesetzmäßigkeit, sie entstehen »zufällig« aufgrund des Zusammentreffens zweier sinngemäß zueinander passender Einzelsilben beziehungsweise -wörter.

Aber zurück zu unseren Vokal-, Umlaut und Konsonantentabellen. Schauen Sie sie sich doch bitte einmal gründlich an. Vielleicht versuchen Sie auch, Buchstabenverbindungen zu finden, die ich übersehen habe!

Also: Beschäftigen Sie sich einfach ein wenig mit diesen Buchstabenkombinationen, greifen Sie auch hin und wieder ins SCRABBLE-Säckchen, holen sieben Buchstaben heraus und versuchen, die Lettern nach den Gesichtspunkten der Tabelle zu ordnen! Bald werden Sie bemerken, daß es sehr oft nicht nur eine, sondern zwei oder sogar mehr Variationsmöglichkeiten des Sortierens gibt! Probieren Sie alle der Reihe nach aus! Stellen Sie Vokal- und Umlautgruppen und auch Konsonantengruppen zusammen, trennen Sie die Vokale auch einmal, und reißen Sie Konsonanten-Vierer- oder -Fünfer- oder -Sechsergruppen auseinander, und bilden Sie daraus kleinere Einheiten, je nach Lust und Laune! Sie werden staunen, wie viele verschiedene Wörter man aus nur sieben Buchstaben zustande bringen kann!

Mit Buchstaben jonglieren

Mit nur zwei kleinen Buchstaben kann man schon die schönsten Wörter bilden. Und nicht nur eines, manchmal sogar zwei! Aus einem E und einem R können Sie sowohl ER als auch RE bilden; aus A und H läßt sich sowohl HA als auch AH zusammensetzen, und aus A und N kann man einerseits AN und andererseits NA legen!

Aus drei Buchstaben könnte man – natürlich nur rein theoretisch –, dann nämlich, wenn man nun alle drei Buchstaben in sämtlichen nur denkbaren Variationsmöglichkeiten zu sinnvollen Wörtern zusammenbekäme, sechs dreibuchstabige Wörter bilden! Und zusätzlich ließen sich – wiederum nur rein rechnerisch – weitere neun zweibuchstabige Wörter zusammensetzen.

Drei passende einzelne Buchstaben, aus denen man 15 Wörter bilden könnte, die gibt es mit Bestimmtheit nicht, aber Zusammenstellungen, die immerhin recht ergiebig sind! Nehmen wir einmal das Wörtlein REH. Ohne Mühe kann man daraus drei neue Drei-Buchstaben-Wörter bilden, daneben aber auch noch vier zweibuchstabige Wörter.

EHR	EH
HER	ER
REH	HE
RHE	RE

Aus nur drei Buchstaben bekamen wir also acht verschiedene Wörter heraus. Setzen wir das Spielchen fort und nehmen wir das D dazu. Zu den bereits vorhandenen Wörtern kommen hinzu:

DREH	DER
HERD	ERD
	RED

Mit einem weiteren Buchstaben, wieder mit einem Vokal, und zwar einem weiteren E, ergeben sich folgende neue Wörter:

DREHE		
HERDE	EHER	EHE
	ERDE	
	HEDE	
	HEER	
	REDE	REE
	REHE	

Zehn neue Begriffe wurden gebildet – insgesamt 23 aus fünf Buchstaben.

Wir wollen ein N hinzunehmen. Versuchen Sie doch bitte ganz für sich allein herauszubekommen, wie viele verschiedene Wörter aus diesen sechs Buchstaben zu bilden sind.

DREHEN	DEHNE	DEHN	DEN	NE
HERDEN	DEREN	EHEN	ERN	
EHREND	EHERN	ENDE	NEE	
	EHREN	EREN	REN	
	ERDEN	NEER		
	HEDEN			
	REDEN			
	REHEN			

21 neue Wörter habe ich herausgefunden! Demnach können wir aus diesen sechs Buchstaben 44 Wörter zusammensetzen. Kaleidoskopartig verschieben sich die Buchstaben, es kommen neue Begriffe hinzu, und alte Wortinhalte verändern sich!

So ideale Buchstabenverteilungen bieten sich uns natürlich nicht immer an. In unserem besonderen Falle sind Vokale und Konsonanten optimal verteilt!
Durch Ergänzen eines Z eröffnen sich wiederum viele neue Möglichkeiten.

HERZEND	HERZEN	DEZE	ZEH
ZEHREND	ZEDERN	ERZE	DEZ
ZERDEHN	ZEHNER	HERZ	ZEN
	ZEHREN	NERZ	
	ERZEN	ZEHE	
	HERZE	ZEHN	
	NERZE	ZEHR	
	ZEDER		
	ZEHNE		
	ZEHRE		

23 neue Wörter habe ich entdeckt, davon allein drei mit sieben Buchstaben, so daß wir 67 Wörter bilden können, vielleicht sogar mehr. Eine enorme Zahl!

Jonglieren Sie ruhig ein bißchen weiter, nur so zur Übung! Und wenn Sie mit den vorgegebenen Buchstaben fertig sind, was hindert Sie daran, sich aus dem Säckchen andere zu angeln? Es macht Ihnen sicherlich genausoviel Spaß wie mir, mit ihnen herumzuspielen, herumzuexperimentieren, herumzu-SCRABBLE-n.

Sieben-Buchstaben-Wörter

Sie sind der Wunschtraum eines jeden SCRABBLE-Spielers. Dabei geht es ganz gewiß nicht in erster Linie um die 50 Prämienpunkte, die ein solches Wort zu einem so heiß begehrten Traumobjekt werden lassen, sondern es sind eher die psychologischen, gefühlsmäßigen Beweggründe, die dabei eine überragende Rolle spielen.

Das Sieben-Buchstaben-Wort verschafft demjenigen, dem es geglückt ist, das Gefühl, etwas Außergewöhnliches vollbracht zu haben, etwas, das einer sportlichen Spitzenleistung vergleichbar wäre. Es erfüllt ihn mit Genugtuung und Selbstvertrauen. Er spürt, daß er nun in die SCRABBLE-Meisterklasse aufgestiegen ist. Er hat damit sich selbst, aber auch allen anderen »buchstäblich« und »wortwörtlich« bewiesen, daß er zu denen zu zählen ist, die nicht nur ausgezeichnet spielen können, sondern die mit den speziellen Eigenschaften ausgezeichnet sind, die einen hervorragenden SCRABBLE-Spieler ausmachen: Kombinationsgabe, Sprachgefühl, geistige Beweglichkeit ...

Ich möchte aber nicht, daß Sie mich jetzt mißverstehen.

Der SCRABBLE-Spieler, den ich eben beschrieben habe, das ist kein Wunderkind und auch kein Genie! Sondern das ist ein ganz normaler Mensch wie Sie und ich, der sich dadurch auszeichnet – ebenfalls wie Sie und ich –, daß er begeisterter SCRABBLE-Spieler ist. Das allerdings ist die Voraussetzung, um gut oder sogar überdurchschnittlich zu spielen. Alles andere kann erlernt werden und ist letztendlich eine Sache des Interesses, der Übung und der Erfahrung.

Ich möchte Ihnen nun drei Methoden vorstellen – von mir selbst entwickelt und erprobt –, die Ihnen dazu verhelfen sollen, die von Ihnen gezogenen sieben Buchstaben in einem Zuge anzulegen.

Alle drei Methoden basieren auf ganz bestimmten, regelmäßigen, der deutschen Sprache eigenen Aufbauprinzipien, die Sie in den Tabellen Seite 60 und Seite 61 ff. aufgegliedert finden.

Methode I

Diese Methode ist die erfolgversprechendste und einfachste. Da sie, wie erwähnt, auf den sprachlichen Gesetzmäßigkeiten in der deutschen Sprache regelmäßig vorkommender Vokal-, Umlaut und Konsonantenverbindungen basiert, kann ich Ihnen nur dringend empfehlen, die entsprechenden Kapitel immer wieder zu studieren, selbst nach neuen Sprachbeispielen zu suchen und sie im Gedächtnis zu behalten. Denn diese Buchstabenverbindungen sind es, die uns nicht nur dazu verhelfen, kürzere Wörter schnell und problemlos herauszufinden, sondern sie sind es auch, die uns den Zugang zum Sieben-Buchstaben-Wort verschaffen. Übrigens: Bei Methode I und dann später auch bei Methode II darf nicht übersehen werden, daß aus dem sogenannten Sieben-Buchstaben-Wort recht häufig auch eines mit acht entstehen kann. Das passiert nämlich immer dann, wenn ein bereits auf dem Spielbrett befindlicher Buchstabe miteinbezogen wird.

Im folgenden können Sie die Verteilung von Vokalen, Umlauten und Konsonanten in Sieben-Buchstaben-Wörtern üben.

1. Ein Vokal/Umlaut

Zur Bildung eines Sieben-Buchstaben-Wortes genügt schon ein einziger Vokal oder Umlaut. Er kann logischerweise zwar nicht am Anfang eines solchen Wortes stehen, aber doch schon nach nur einem einzigen Konsonanten erscheinen, wie folgende Beispiele zeigen:

		P	**I**	R	S	C	H	T		
		M	**A**	M	P	F	S	T		
		K	**Ä**	M	P	F	S	T		

Es gäbe noch einige Beispiele mehr, aber bestimmt nicht besonders viele. Vielleicht macht es Ihnen ja Freude, anhand der Tabelle auf den Seiten 61 ff. selbst einmal nach derartigen Wörtern zu suchen.

Zwei Konsonanten zu Beginn des Wortes und vier im Anschluß an den einzigen Vokal oder Umlaut kommen schon wesentlich häufiger vor, wie hier zu sehen ist.

		K	R	**A**	C	H	S	T		
		K	N	**Ü**	P	F	S	T		
		B	R	**U**	M	M	S	T		

Am häufigsten aber finden sich unter der Gruppe der Sieben-Buchstaben-Wörter mit nur einem Vokal/Umlaut Wörter mit je drei Konsonanten vor und nach dem Vokal/Umlaut.

Wenn Sie sich erneut die Tabelle Seite 61 ff. zuwenden, werden Sie feststellen, daß sich derartige Wörter hauptsächlich mit S und auch P als Anfangsbuchstabe finden lassen. Besonders ergiebig ist übrigens das SCH, aber auch andere Buchstabenverbindungen können sehr nützlich sein.

		S	C	H	**A**	F	F	T		
		S	C	H	**E**	R	Z	T		
		S	C	H	**Ü**	T	Z	T		
		S	C	H	**Ä**	R	F	T		
		S	P	R	**I**	C	H	T		

		P	F	L	**Ü**	C	K	T		
		S	T	R	**I**	C	K	T		
		P	F	R	**O**	P	F	T		

Unter diesen Konsonantengruppen nimmt das SCH eine ganz besondere Stellung ein. Es umschreibt ja einen einzigen Laut mit Hilfe dreier verschiedener Buchstaben. In einigen slawischen Sprachen wird der SCH-Laut beispielsweise mit einem einzigen Schriftzeichen dargestellt, einem S mit einem darübergesetzten Haken, also so: Š. Im deutschen SCRABBLE haben wir es also mit dem SCH besonders einfach, denn wir können ihn gedanklich wie einen einzigen Buchstaben handhaben. Im bezug auf ein Sieben-Buchstaben-Wort würde das bedeuten, daß wir uns nur ein Fünf-Buchstaben-Wort einfallen lassen müssen.

Ziehen Sie auch in Erwägung, ob es sich nicht lohnt, einmal zu tauschen oder auszusetzen, je nach Lage der Dinge, um ein Sieben-Buchstaben-Wort zustandezubringen. Auf jeden Fall aber sollten Sie pfleglich mit dem SCH umgehen, denn es ist das As unter den Buchstabenverbindungen und für ein Sieben-Buchstaben-Wort mit nur einem Vokal besonders prädestiniert. Trotzdem ist es nicht leicht, ein solches Wort herauszubekommen. Dazu gehört schon ein gehöriges Maß an Kombinationsgabe, Übung und zweifellos auch etwas Glück.

Tip

Verfügen Sie über ein SCH, so achten Sie besonders darauf, ob nicht ein Sieben-Buchstaben-Wort zu schaffen wäre.

2. Zwei Vokale (oder ein Vokal und ein Umlaut)

Zu zwei Vokalen gehören bei einem Sieben-Buchstaben-Wort zwangsläufig fünf Konsonanten. Die Vokale werden dabei entweder als Diphtonge (Zwielaute) eingesetzt oder voneinander getrennt.

- Die Vokale stehen zusammen

Sie sind zusammengezogen zu AU, ÄU, EI, EU oder IE. Für die Konsonanten ergeben sich vier unterschiedliche Aufteilungsmöglichkeiten. Die in den folgenden Beispielen hervorgehobenen Vokale in den einzelnen Wörtern geben Anzahl und Lage der Konsonanten an.

		F	**A**	**U**	C	H	S	T		
		S	C	H	W	**E**	**I**	F		
		B	L	**E**	**I**	C	H	T		
		S	T	R	**Ä**	**U**	B	T		

- Die Vokale stehen getrennt für sich

Dabei sind die Möglichkeiten zur Verteilung

der Konsonanten unvergleichlich vielfältiger. Beispiele, Seite 77, sollen dies belegen.

S	C	H	L	**A**	G	**E**
P	**I**	R	S	C	H	**E**
S	T	R	**A**	F	**E**	N
R	**A**	S	C	H	**E**	S
G	**E**	S	**I**	C	H	T
S	C	H	**A**	F	F	**E**
F	R	**I**	S	C	H	**E**
G	R	**Ö**	S	S	**E**	R
G	R	**A**	B	**E**	N	D
G	**A**	R	T	**E**	N	S
A	C	K	**E**	R	N	D
E	S	T	R	**I**	C	H

3. Drei Vokale (oder zwei Vokale und ein Umlaut)

Diese Kombination ist die günstigste Voraussetzung für ein Sieben-Buchstaben-Wort. Auch ein wenig versierter SCRABBLE-Spieler wird mit einiger Übung in der Lage sein, ein solches Wort zu bilden.

- Jeder Vokal steht einzeln für sich

H	**A**	G	**E**	R	**E**	S
F	R	**Ü**	H	**E**	R	**E**
S	**I**	C	H	**E**	R	**E**
L	**A**	G	**E**	R	T	E

- Eine Vokal-Zweiergruppe und ein einzelner Vokal wechseln nicht ab

T	**A**	**U**	F	**E**	N	D
L	**E**	**I**	S	T	**E**	N
G	L	**A**	**U**	B	**E**	N
S	C	H	**E**	**I**	B	**E**
E	**I**	B	**I**	S	C	H

- Drei Vokale stehen zusammen

S	C	H	**A**	**U**	**E**	N

Um die SCRABBLE-Fähigkeiten zu trainieren, wäre es sehr sinnvoll – gerade auch für einen noch ungeübten Anfänger –, mit Buchstabengruppen von vier Konsonanten und drei Vokalen herumzuexperimentieren.

Haben Sie darin eine gewisse Übung bekommen, können Sie die Zahl der Vokale verringern, die der Konsonanten erhöhen. Danach können Sie aber auch noch umgekehrt verfahren.

4. Vier Vokale (oder drei Vokale und ein Umlaut)

Ist die Anzahl der Vokale größer als die der Konsonanten, wird das Spielen wieder schwieriger. Auf jeden Fall müssen zwei Vokale unbedingt zusammengenommen werden.

- Eine Vokal-Zweiergruppe und ein einzelner Vokal wechseln ab

		L	**Ä**	**U**	T	**E**	T	**E**		
		E	**I**	L	**E**	N	D	**E**		

- Drei Vokale zusammen, einer allein

		F	L	**A**	**U**	**E**	R	**E**		
		T	**A**	**U**	**E**	N	D	**E**		

Die Auswahl an Beispielen ist klein geworden. Man ist auf zusammenpassende Vokal-Zweier angewiesen.

Zusammenfassung

– Methode I ist nur anwendbar bei allen selbständigen Wörtern und deren Flexionen.
– In der deutschen Sprache regelmäßig auftretende Konsonantenverbindungen sind in der Tabelle Seite 61 ff. erfaßt. Dieses Ordnungsprinzip gilt es zu begreifen und sich zu merken.
– Ausgehend von der Anzahl der zur Verfügung stehenden Vokale und/oder Umlaute muß man versuchen, die vorhandenen Konsonanten bestmöglich zu ordnen.
– Vokale können einzeln auftreten, können oder müssen sogar zu Diphtongen (Zwielauten) zusammengefaßt werden. Auch Dreiergruppen sind möglich.

Methode II

Warum eine weitere Methode, könnte man fragen, ist die erste etwa nicht gut genug? Keine Sorge, sie ist gut – sie ist jedoch nicht immer anwendbar, sondern nur bei selbständigen Wörtern. Sie greift weder bei zusammengesetzten Wörtern, noch bei Ableitungen.

Zusammengesetzte Wörter entstehen aus zwei selbständigen Wörtern z. B.:

EIS-MANN, ERD-BAHN, DENK-FAUL, NOT-WEHR

Daß unsere Methode I zur Erarbeitung von Sieben-Buchstaben-Wörtern hierbei nicht zum Erfolg führen kann, leuchtet wohl jedem ein, denn die an den Nahtstellen dieser Zusammensetzungen entstandenen Konsonantenverbindungen sind vielfältig und unterliegen keinerlei Gesetzmäßigkeit. Gelegentliche Übereinstimmungen mit unserer Tabelle Seite 61 ff. sind rein zufällig.
Nehmen wir uns einmal das zusammengesetzte Wort ERDBAHN vor. Die Konsonantenverbindungen RD und HN sind uns wohlvertraut; die Kombination RDB ist für uns ein Zungenbrecher. In unserem Beispiel aber nicht, weil hier zwei Wörter zusammengenommen worden sind und man beim Aussprechen eines zusammengesetzten Wortes an dessen Nahtstelle eine winzige Pause einlegt: ERD-BAHN.
Wie müßte nun die Methode aussehen, die dafür geeignet wäre, Sieben-Buchstaben-Wörter aus zusammengesetzten Wörtern zustande zu bringen? Um ehrlich zu sein: Ich kenne keine! Hier kann nur Intuition weiterhelfen, Gesetzmäßigkeiten sehe ich nicht.
Anders verhält es sich bei Ableitungen von Wörtern. Darunter versteht man

- die Erweiterung eines Wortes mit Hilfe von Vorsilben und Vorwörtern. z. B.:

  AB-STAND, AUF-TRAG, UN-GLÜCK, ZU-WEISEN ...

- die Verlängerung eines Wortes mit Hilfe von Nachsilben:

  EHR-LICH, WERB-UNG, GEIST-IG, DANK-BAR

- Ist es möglich, Sieben-Buchstaben-Wörter aus einem Stammwort und einer Vor- bzw. einer Nachsilbe zu bilden?

Die Frage läßt sich mit einem deutlichen Ja beantworten. Man kann es und man tut es auch, und zwar ziemlich häufig.
Ich gehe dabei folgendermaßen vor:
Zunächst prüfe ich nach, ob sich aus meinen Buchstaben nicht die eine oder andere Vor- oder Nachsilbe bilden läßt. Dabei sind die einfacher, die aus zwei oder höchstens drei Buchstaben bestehen. Gelegentlich hat man unter diesen Kleinstsilben sogar mehrere zur Auswahl. In einem solchen Fall sind die Chancen für ein Sieben-Buchstaben-Wort besonders groß.
Man pickt sich also die Vor- oder Nachsilbe zunächst heraus und legt sie an die Seite. Danach versucht man aus den verbliebenen Buchstaben ein Haupt-, Eigenschafts- oder Tätigkeitswort zu bilden. Da im Deutschen die meisten Grundwörter durch allerlei Ableitungen umgewandelt werden können, ist ein solcher Versuch recht aussichtsreich. Gelingt er nicht auf Anhieb, so sollte man, wenn einem nur ein einfacher, häufig vorkommender Buchstabe fehlt, gelegentlich auch einmal tauschen.

Übrigens: Eine Tabelle mit Vorsilben und Vorwörtern finden Sie auf Seite 83 ff., eine mit Nachsilben auf Seite 89.

Methode III

Der dieser Methode zugrunde liegende Gedanke ist der, daß es nicht unbedingt ein Sieben-Buchstaben-Wort sein muß, um alle Steine auf einmal auszulegen, sondern daß man ja auch auf dem Spielbrett befindliche Wörter ausbauen könnte. Dabei erweisen sich die Erkenntnisse aus den beiden vorangegangenen Methoden als außerordentlich hilfreich, ja unerläßlich. Denn die Erweiterung eines bereits gesetzten Wortes ist nur dann möglich, wenn man es an seinen beiden Seiten ausbaut. Am Beispiel des Wortes LAGE möchte ich Ihnen verdeutlichen, was genau gemeint ist. (Die römischen Zahlen in den Klammern beziehen sich auf die verwendete Methode.)

SCH	LAGE	NDES	(I + I)
AUS	LAGE	RNDE	(II + I)
EIN	LAGE	RUNG	(II + II)

Natürlich ist dies ein besonders günstiges Beispiel. Nicht jedes Wort läßt sich so leicht umwandeln. Meistens kommt man mit einer Kombination beider Methoden am weitesten, indem man eine Vorsilbe anfügt und am Ende eine Beugungsform anhängt. Von den Nachsilben eignen sich nur wenige für diese Methode; es sind hauptsächlich UNG, IG und SAM.

Hier noch einige Beispiele zum Eingewöhnen:

BE	TON	UNGEN
VER	RAT	ENDE
SCH	WER	LICH
UN	WEG	SAME
EIN	GEBE	NDES
AUF	MERK	SAME
UNBE	MANN	TES
VERB	LEIB	END
AUF	TISCH	TEST
EIN	MARSCH	IERT
UN	GLÜCK	LICHE
AB	LAGER	UNGEN

Wie Sie sich selbst anhand der Beispiele überzeugen können, bietet diese Spielmethode ungeahnte neue SCRABBLE-Variationen. Ich bin sicher, daß auch Sie – genau so wie ich – Spaß daran haben werden, mit dieser Methode weiter herumzuexperimentieren und sich dadurch auch noch weiterzuentwickeln.

Übungen mit Wörtern

Wir haben mit Buchstaben gespielt, haben sie sortiert, haben mit ihnen jongliert! Anschließend haben wir sie aufs Spielfeld gelegt! Da liegen sie nun! Wie greifen erneut ins Säckchen und suchen nach weiteren Wortmöglichkeiten! So ist es! Aber wir sollten auf gar keinen Fall vor lauter Freude am Herausfinden immer neuer Begriffe übersehen, daß die Wörter, die bereits auf dem Spielbrett liegen, als gleichwertige, genauso wichtige und ebenso interessante Spielbestandteile zu werten sind!
Und hierbei bieten sich sehr gute, sehr vielseitige und sehr anspruchsvolle Spielmöglichkeiten!

Tip

Es ist genauso abwechslungsreich, spannend und lukrativ, bereits gesetzte Worte auszubauen, wie völlig neue Worte zu ersinnen!

Das Verlängern eines Wortes

Man könnte, wenn man wollte, ein einziges Verbum durch jeweiliges Ansetzen nur eines einzigen Buchstabens fünfmal immer aufs neue umwandeln. Hier ein Beispiel, ausgehend von einem Imperativ:

SCHREIB	
SCHREIB E	SCHREIBENDE R
SCHREIBE N	SCHREIBENDE S
SCHREIBEN D	SCHREIBENDE M
SCHREIBEND E	SCHREIBENDE N

Man könnte auch nur drei Einzelschritte tun und nach SCHREIBEN direkt zu dem Genitiv des substantivierten Verbums übergehen, nämlich zu SCHREIBENS! Oft werde ich gefragt, was das denn überhaupt für eine merkwürdige Form sei! Wo man sie denn noch anwenden könne! Ganz einfach! Wenn ich heute abend beispielsweise des vielen *Schreibens* müde bin, dann ... ja dann holt mein Mann diesmal nicht das SCRABBLE-Spiel aus der Schublade, nein, er holt den Wein aus dem Keller! Denn dann beginnt für uns die Zeit des *Trinkens*, des miteinander *Redens*, vielleicht des *Fernsehens* und des *Sichentspannens!* Ich möchte Sie an dieser Stelle nochmals sehr eindringlich bitten:

Tip

Gebrauchen Sie alle grammatikalischen Spielarten sämtlicher Wortarten ungehemmt und mutig.

Mehr über Verlängerungen finden Sie ausführlich ab Seite 30.

Das Erweitern eines Wortes durch Ansetzen

Während das Verlängern eines Wortes durch einen oder mehrere Buchstaben eigentlich ein Kinderspiel ist, wen man weiß, was man alles darf, so ist das Ansetzen von ein, zwei oder drei Buchstaben an den Wortanfang schon ein kleines Kunststück (falls es sich nicht um Vorsilben handelt)!

Ü	BERGAB	**KR**	EISEN
K	LEBER	**ST**	RAFFE
Ö	LENDE	**KR**	ASSE
F	LECKEN	**QU**	ALLE
C	RAYON	**ST**	RICKE
L	AFFE	**ERB**	LASSEN
P	ACKER	**MAR**	KANTE
G	ÄSTE	**KAR**	TON
K	RÖTE	**REP**	ORT
J	ADE	**POR**	TIER
MY	OMEN	**SCH**	WEIN
KL	ÄFFE	**SCH**	LAFFE
ST	ECKE	**PFL**	ASTER
PF	LASTER	**STR**	OMEN

Das Ansetzen von Vorsilben und »Vor-Wörtern«

Streng grammatikalisch betrachtet gehören zu den »echten« Vorsilben nur diese neun:

be-, er-, ent-, ge-, miß-, un-, ur-, ver-, zer-.

Da man aber beim SCRABBLE-Spielen ja auch besonders kunstvoll mit vorgesetzten Adverbien oder Präpositionen und zusammengesetzten Partikeln umgehen kann, die man einem Substantiv, einem Verbum oder einem Adjektiv voranstellt, habe ich – ein wenig großzügig – diese verschiedenartigen Silben- bzw. Wortgrüppchen kurzerhand zusammengefaßt und wiederum in einer Tabelle zusammengestellt. Einige besonders voluminöse sind darunter, die Ihnen beim SCRABBLE-Spielen nicht besonders nützlich sein werden – wer weiß! Ich habe sie auch mit aufgeführt, einfach der Vollständigkeit halber! Andere wiederum mögen fehlen, nicht, weil ich sie nicht mag, sondern weil ich sie übersehen habe!

Vorsilben und Vor-Wörter

Mit 2	3	4	5	6	7	8	mehr Buchstaben
an-	auf-	abbe-	aufbe-	ausser-	aufzube-		
ab-	aus-	aber-	aufer-	abzube-	auszube-		
		abge-	aufge-	abzuer-			
		abzu-	aufzu-	anzube-			
		anbe-	ausbe-	anzuer-			
		aner-	auser-				
		ange-	ausge-				
		anzu-	auszu-				
be-	bei-		beibe-		beizube-		
			beige-				
			beizu-				
	con-			contra-			
				contre-			
da-	dar-	dabe-	dabei-	darauf-	dabeige-	daraufbe-	darüberge-
		dage-	dafür-	darein-	dafürge-	daraufge-	darüberzu-
		dazu-	davor-	dazube-	dafürzu-	daraufzu-	drunterge-
		dran-	daher-	dazuge-	dagegen-	darausge-	drunterzu-
			dahin-	dazuzu-	daherge-	darauszu-	darunterge-
			daran-	drange-	daherzu-	dareinge-	darunterzu-
			darzu-	dranzu-	dahinge-	dareinzu-	
			drauf-	drüber-	dahinzu-	darunter-	
			draus-		daneben-	drüberge-	
			drein-		darange-	drüberzu-	
			durch-		daranzu-		
					darüber-		
					davorge-		
					draufbe-		
					draufge-		

Mit 2	3	4	5	6	7	8	mehr Buchstaben
					draufzu-		
					drausge-		
					drauszu-		
					dreinge-		
					dreinzu-		
					drunter-		
					durchzu-		
er-	ein-		einbe-	einher-	entlang-	entgegen-	entlangzu-
ex-	ent-		einge-	einver-	emporzu-		entgegenzu-
			einzu-				
			empor-				
	für-	fern-		fernbe-		festzube-	
		fest-		fernge-		fortzube-	
		fort-		fernzu-		freizube-	
		frei-		festbe-			
				festge-			
				festzu-			
				fortbe-			
				fortge-			
				fortzu-			
				freibe-			
				freige-			
				freizu-			
ge-			gegen-		gegenge-		gegenüber-
					gegenzu-		gegenüberge-
							gegenüberzu-
							gegeneinander-

Mit 2	3	4	5	6	7	8	mehr Buchstaben
	her-		herab-	herauf-	herabbe-	heraufbe-	herüberbe-
	hin-		heran-	heraus-	herabge-	heraufge-	herüberge-
			herbe-	herbei-	herabzu-	heraufzu-	herüberzu-
			herge-	herein-	heranbe-	herausbe-	herunterbe-
			herzu-	hinauf-	herange-	herausge-	herunterge-
			hinab-	hinaus-	heranzu-	herauszu-	herunterzu-
			hinan-	hintan-	herüber-	herbeibe-	hintenüber-
			hinbe-	hinweg-	herzube-	herbeige-	hinterher-
			hinge-		herzuge-	herbeizu-	hinterherge-
			hinzu-		herzuzu-	hereinbe-	hintenüberge-
					hinabbe-	hereinge-	
					hinabge-	hereinzu-	
					hinanzu-	herunter-	
					hinzube-	hervorge-	
					hinzuge-	hinaufbe-	
					hinzuzu-	hinaufge-	
						hinaufzu-	
						hinausbe-	
						hinausge-	
						hinauszu-	
						hinwegbe-	
						hinwegge-	
						hinwegzu-	
in-		inne-					
	kon-			kontra-			
			längs-				

Mit 2	3	4	5	6	7	8	mehr Buchstaben
	mit-	miss-	mitbe-	missge-	missver-		mittendurch-
			miter-	mitten-			mittendurchge-
			mitge-	mitver-			
			mitzu-				
		nach-		nachbe-	nachver-		
				nacher-			
				nachge-			
				nachzu-			
ob-							
	per-						
	pro-						
		quer-		querge-			
				querzu-			
re-		rauf-	rüber-	raufbe-	rüberbe-	runterbe-	
		raus-		raufge-	rüberge-	runterge-	
		rein-		raufzu-		runterzu-	
				rausbe-			
				rausge-			
				rauszu-			
				reinbe-			
				reiner-			
				reinge-			
				reinzu-			
				runter-			

Mit 2	3	4	5	6	7	8	mehr Buchstaben
um-		über-	umher-	überan-	unteran-	überzube-	unterzube-
un-		umbe-	unauf-	überbe-	unterbe-		
ur-		umer-	unein-	überer-	unterer-		
		umzu-	unter-	überge-	unterge-		
		unan-	unver-	überzu-	unterzu-		
		unab-	unvor-	umzube-	ununter-		
		unbe-		unabge-	unvorbe-		
		uner-		unanbe-	unvorge-		
		unge-		unange-	unzuver-		
		unzu-		unüber-			
				unzuge-			
	ver-		verab-	verein-	verabzu-	vorauszu-	vorüberge-
	vor-		veran-	vorauf-	veranzu-	vorbeizu-	vorüberzu-
			voran-	voraus-	vorange-	vorherzu-	vornüberzu-
			vorab-	vorbei-	vornweg-	vorwegzu-	
			vorbe-	vorein-		vorzuver-	
			vorer-	vorent-		vornüber-	
			vorge-	vorher-			
			vorzu-	vorver-			
				vorweg-			
	weg-		wegbe-	wieder-	wegzube-	wiederzu-	wiederzube-
			wegge-				
			wegzu-				
			wider-				
zu-		zube-	zuvor-	zuzuer-	zuvorge-		
		zuge-			zuvorzu-		
		zuer-					
		zuzu-					

Mit Vorsilben und Vorwörtern läßt es sich wundervoll SCRABBLE spielen! Ich habe mir einmal den Spaß machen wollen festzustellen, wie viele verschiedene dieser Wörtlein man einem einzigen Verbum voransetzen könnte! Ich hatte so an 20, vielleicht 25, höchstens aber an 30 gedacht! Was glauben Sie wohl, wobei ich schließlich gelandet bin?! Es waren über 100 (in Worten: hundert) an der Zahl! Falls Sie es mir nicht glauben wollen, bitte, prüfen Sie nach: Ich hatte das Wort HALTEN gewählt!

Da ging es von ABHALTEN über DABEHALTEN und HINHALTEN zu HINAUFZUHALTEN und HERUNTERZUHALTEN und von da zu UNTERHALTEN, VORENTHALTEN und ZUZUHALTEN!

Sie haben eines bestimmt bemerkt: Man kann diese vorangesetzten Partikel gekonnt erweitern, verlängern und umwandeln.

Nehmen wir einmal an, vor uns auf dem Spielbrett liegt das Wort TRAGEN. Was kann man daraus machen!

TRAGEN
ERTRAGEN
ÜBERTRAGEN
HERÜBERTRAGEN

Oder aus dem Wort TASTET:

TASTET
GETASTET
ANGETASTET
UNANGETASTET

Und ein drittes Beispiel:

LAUFEN
GELAUFEN
EINGELAUFEN
HINEINGELAUFEN

Liegt – was sehr häufig der Fall ist – ein fünfbuchstabiges Verbum so da, daß man mit drei Buchstaben auf das rote Feld kommen kann, so sollte man zuallererst nach einer solchen Partikel forschen! Am leichtesten zu schaffen sind EIN, AUS und ENT, aber auch AUF, HIN, HER und WEG sind nicht allzuschwer aufzutreiben!

Nur denken sollte man stets daran! Und daran hapert es oft! Ganz mißgünstige und defensiv spielende Leute vermeiden es aus lauter Angst davor, der Gegner könnte auf dreifachen Wortwert vorstoßen, ihr Eröffnungswort zu nahe an den roten Feldern zu plazieren! Lieber verzichten sie auf doppelten Buchstabenwert!

Bei solchen Angsthasen kann ich ganz hämisch sein und mich besonders diebisch freuen, wenn ich mit einem vier- oder fünfbuchstabigen Vor-Wort ihre finsteren Pläne durchkreuzen kann.

Tip

Man sollte besonders nach Spieleröffnung darauf achten, ob man nicht mit einer Vorsilbe oder einem Vor-Wort auf dreifachen Wortwert gelangen kann.

Das Setzen von Nachsilben

Natürlich ist die Nachsilbe genauso interessant und vielseitig wie die Vorsilbe! Merkwürdigerweise wird im SCRABBLE viel zuwenig Gebrauch von ihr gemacht, man hat sie nicht immer mit drin in seinem Kalkül! Wahrscheinlich liegt das daran, daß es leichter ist, ein Wort kurzerhand durch ein hinten angesetztes *e* oder *s* zu erweitern, anstatt lange und umständlich nach einem Suffix zu forschen! Deshalb folgt also hier zum Nutzen aller eine Zusammenstellung der wichtigsten Nachsilben.

Die wichtigsten Nachsilben

-iär	Legionär	-haft	damenhaft	-log	Dialog
-age	Bandage	-heit	Dummheit	-los	bartlos
-al	Choral	-ice	Aktrice	-mann	Blödmann
-and	Doktorand	-ian	Grobian	-nis	Bildnis
-ant	Arrestant	-id	Chlorid	-ös	bravourös
-anz	Dominanz	-ie	Despotie	-or	Diffusor
-ar	Archivar	-ig	aasig	-os(e)	Chlorose
-at	Jodat	-ik	Artistik	-our	Bravour
-bar	dienstbar	-il	infantil	-sal	Labsal
-bel	durabel	-in	Königin	-sam	biegsam
-bold	Witzbold	-ing	Camping	-schaft	Dienerschaft
-chen	Bildchen	-ion	Diskretion	-sein	Dasein
-ei	Abtei	-is	Dualis	-sel	Füllsel
-el	Hebel	-isch	kindisch	-tik	Dogmatik
-ell	bakteriell	-ismus	Egoismus	-tor	Debitor
-ent	dekadent	-ist	Egoist	-tum	Bistum
-enz	Dekadenz	-it	Jodit	-um	Dekorum
-er	Arbeiter	-ität	Egalität	-ung	Beugung
-ern	tönern	-iv	aktiv	-ur	Diktatur
-esse	Baronesse	-keit	Ehrsamkeit	-us	Bonus
-et	Baronet	-lei	allerlei	-voll	angstvoll
-eur	Akteur	-lein	Kindlein	-wärts	abwärts
-fest	bruchfest	-lich	kindlich	-weise	eimerweise
-gen	fotogen	-ling	Liebling	-wert	dankenswert

Wundern Sie sich nun nicht selbst ein wenig über die große Zahl dieser Nachsilben?! Versuchen Sie doch bitte einmal, besonders gründlich und intensiv bei jedem neuen Zug zu prüfen, ob sich nicht die Gelegenheit bietet, ein bereits gelegtes Wort durch ein Suffix zu erweitern. Ich kann Ihnen versprechen: Die Suche wird sich lohnen!

Zusammengesetzte Hauptwörter

Ich kann es mir eigentlich nicht erklären, warum eine große Anzahl von SCRABBLE-Spielern auf zusammengesetzte Hauptwörter ganz erpicht ist. Manchmal keimt in mir der stille Verdacht, daß so manch einer zu bequem ist, sein vorhandenes Buchstabenpotential gründlich nach schönen und akzeptablen Auslegemöglichkeiten zu durchforschen, sondern daß er versucht, auf reichlich krummem Wege zu ansehnlichen Pünktchen zu kommen, indem er irgendein beliebiges zusammengestöpseltes Hauptwort an ein anderes zu pappen versucht. Daß es bei solchen Spielaktionen zwangsläufig zu sehr unschönen Auseinandersetzungen kommt, ist fast selbstverständlich. Es muß Schluß sein mit solchen unangenehmen Erscheinungen, denn ein so wundervolles Spiel wie SCRABBLE sollte nicht zu Streit und Ärger führen, sondern ausschließlich Spaß und Entspannung bringen.

Daher meine eindringliche Bitte: Verzichten Sie auf das Bilden gewagter Wortungetüme. Wenn Sie selbst das Gefühl haben, der Begriff sei eigentlich nicht ganz »stubenrein« und Ihr Mitspieler wird mit Sicherheit protestieren –, dann lassen Sie es lieber gleich weg. Leider gibt es noch genügend anderer Fälle, bei denen beide Streithähne sich absolut im Recht wähnen: derjenige, der ausgelegt hat, und derjenige, der es nicht anerkennen will!

Unglücklicherweise befinde ich mich diesmal in der äußerst mißlichen Lage, Ihnen kein absolut sicheres und eindeutiges Rezept für das Bilden zusammengesetzter Hauptwörter geben zu können – es gibt einfach keines! Das einzige, was weiterhilft, ist der gesunde Menschenverstand und ein wenig Logik – aber wer weiß denn schon immer, was absolut logisch ist. Dummerweise nützt uns auch der sonst so hilfreiche Duden nicht, wenn es um zulässige oder unzulässige Komposita geht. Unter den Hinweisen für Benutzer (II. Auswahl der Stichwörter) steht:

»Aus dem Fehlen eines Wortes darf also nicht geschlossen werden, daß es ungebräuchlich oder nicht korrekt ist.

Über den Grundwortschatz hinaus wurden von den ... Zusammensetzungen ... außer den sehr gebräuchlichen nur folgende aufgenommen: ...

2. Von den Substantiven diejenigen, die als Beispiele für die Art der Bildung dienen ...«

Was ist also zu tun? Wie soll man sich bei zusammengesetzten Hauptwörtern verhalten? Vernünftige SCRABBLE-Spieler einigen sich auf folgende Definitionen:

Tip

1. Begriffe, die ganz eindeutig und unmißverständlich sind, die ohne lange Erklärung einleuchten, sollen zugelassen werden.
2. Begriffe, die zwar nicht im Duden stehen, die aber in jüngster oder auch etwas zurückliegender Zeit durch Presse, Rundfunk und Fernsehen gegangen sind, und bei denen man voraussetzen kann, daß sie dem Bundesbürger im Alter von 9 bis 90 geläufig sind, dürfen ebenfalls gesetzt werden.
3. Begriffe, die vollkommen ungewöhnlich sind, die Dinge und Gegenstände beschreiben, die weithin unbekannt sind, Begriffe, die so verschwommen sind, daß sie erst einer besonderen Erklärung bedürfen, sollen nicht zugelassen werden!

Welche Begriffe sind eindeutig, unmißverständlich, sofort einleuchtend?
Nehmen wir als Musterbeispiele – stellvertretend für ähnliche Präzedenzfälle – drei typische Arten von Zusammensetzungen.

- Ich denke dabei zuerst an die einzelnen Organe und Körperteile aller Lebewesen! Vom IGELBEIN über das PFERDEHERZ, vom AMEISENAUGE über den ANTILOPENZAHN ist alles erlaubt, weil es das alles tatsächlich gibt! Ein IGELFELL würde ich hingegen nicht akzeptieren (wohl aber eine IGELHAUT) und auch keinen ZEBRARÜSSEL, keinen HUNDEHUF und ebenso nicht das KUHGEWEIH.
- Wenn der Begriff der KARTOFFELKISTE oder der der APFELSINENKISTE schon in den allgemeinen Sprachgebrauch eingegangen ist, wenn man dabei also weiß, daß sich in derlei Kisten Obst oder Gemüse zu befinden pflegt, warum sollte man dann nicht auch die BIRNENKISTE, die KOHLKISTE, die SALATKISTE zulassen! Das Wort ist eindeutig und klar verständlich! Wollte man den Begriff »Kiste« aber nun auch noch auf Behälter für Hemden, Schirme, Teppiche oder was weiß ich noch ausweiten, dann ginge das für mein Verständnis zu weit; natürlich kann es schon einmal vorkommen, daß auch mal Hemden in Kisten verpackt und transportiert werden, aber das ist sicherlich die Ausnahme. Also würde es, um diesen Begriff zu rechtfertigen, einer Erklärung bedürfen! Und das eben sollte nicht nötig sein!
- Hat man die Buchstaben ENDE glücklich zusammen und findet plötzlich kein Verbum mehr, aus dem man ein Partizip machen könnte, etwa so: LIEBE zu LIEBENDE, was tut man dann? Man versucht, irgendwo ein Hauptwort aufzuspüren, bei dem man ein Ende daranhängen könnte! Manchmal geht

es gut, oft aber nicht! STRASSENENDE – warum nicht, jede Straße hat einmal ein Ende! FADENENDE ist auch in Ordnung, auch FLUSSENDE und STADTENDE können akzeptiert werden!

Was aber halten Sie von LAMPENENDE, VASENENDE, FENSTERENDE, BLUSENENDE, TELLERENDE ... und noch immer ist kein Ende abzusehen? Ich halte von all diesen Enden reineweg nichts! Auch wenn sie so leicht zu bilden sind.

Welche Begriffe sind allgemein bekannt?

Es gibt viele Begriffe, die in unserer schnellebigen Zeit hochgeschwemmt werden, die dann in aller Munde sind, die jeder kennt! Warum sollte man sie im SCRABBLE nicht setzen dürfen, bloß weil sie nicht im Duden stehen! Die Spieler kennen sie doch bestimmt! Oder wissen Sie nicht, was eine ROCKLADY ist, ein GIFTSKANDAL oder eine PAPSTREISE! Das Wort ATOMTOD ist Ihnen ein genauso geläufiger Begriff wie das Wort KUNSTBETRIEB oder GOLFKRISE! Warum also sollten sie fürs SCRABBLE nicht zulässig sein!

Welche Begriffe sind mißverständlich und nicht eindeutig?

Ich möchte wie immer mit einem Beispiel beginnen:

- Es gibt EICHENSCHRÄNKE und MAHAGONITRUHEN, es gibt KIEFERNREGALE und RÜSTERANRICHTEN.

Was aber halten Sie von EICHENFÜSSEN, MAHAGONIDECKELN oder von KIEFERNSPROSSEN und RÜSTERKNÖPFEN?

Ganz abgesehen davon, daß der Begriff »Eichenfuß« doppeldeutig ist, weil er sich einerseits auf den Fuß des Baumstammes und andererseits auf den Fuß irgendeines beliebigen Möbelstückes zugleich beziehen könnte, bin ich der Meinung, daß man alle vier Begriffe nicht zulassen kann, weil sie nicht eindeutig beschreiben, worum es sich eigentlich handelt. Gehört der Eichenfuß zu einem Tisch, einem Bett, einem Schrank? Und der Deckel, verschließt er eine große Truhe aus Rüsternholz oder eine kleine Schatulle?

Um das zu klären, müßte z. B. gesagt werden: Es handelt sich um einen Tischfuß aus Eichenholz oder um einen Truhendeckel aus Mahagoni!

Ein zweites Beispiel:

Was soll man sagen, wenn der Spielpartner darauf beharrt, es gäbe einen ARZTMORD? Natürlich kann es sein, daß einmal irgendwo ein Arzt diesen tragischen Tod gefunden hat! Könnte das Wort aber nicht auch beinhalten, daß nicht der Arzt ermordet wurde, sondern daß er selbst der Schurke ist? Ganz eindeutig ist es nicht!

Richtig hätte es also entweder heißen müssen: »Mord an einem Arzt« oder »Mord durch einen Arzt«!

Ich könnte Ihnen natürlich noch eine ganze Reihe weiterer abschreckender Beispiele für unmögliche Wortzusammensetzungen aufzählen, um Sie davon zu überzeugen, wie sinnlos es sein kann, unser schönes Spiel derart zu verhunzen. Trotzdem möchte ich aber nicht mißverstanden werden: Ich plädiere *nicht* dafür, voll und ganz auf zusammengesetzte Hauptwörter zu verzichten! Ich unterstütze also beileibe nicht denjenigen Spieler, dessen – ich möchte fast sagen – Standardsatz lautet: »Was ist denn das für ein Wort, das gibt es doch gar nicht!« Jemand, der ständig reklamiert, weil er seine eigene Sprache nicht beherrscht, ist ebenso nervtötend wie einer, der sie verunstaltet.

Das gezielte Ausnutzen der Prämienfelder

Schon beim Probespiel Seite 36 ff. habe ich Ihnen gezeigt, wie wichtig es ist, seine besondere Aufmerksamkeit den Prämienfeldern zu schenken. Über seine Freude, ein schönes oder gar nur brauchbares Wort gefunden zu haben, vergißt der SCRABBLE-Anfänger oft, diesen Prämienfeldern die ihnen zukommende Beachtung zu schenken. Folgen Sie daher bitte nicht sofort Ihrem ersten Impuls, legen Sie also nicht gleich das erstbeste Wort beispielsweise über ein Wortwert-Verdoppelungsfeld, ohne vorher nachgeprüft zu haben, ob sich die Chance ergibt, durch Umstellung einiger Buchstaben denjenigen mit dem höchsten Wert auch noch auf ein Buchstaben-Prämienfeld legen zu können!

Und da ich der Meinung bin, daß meine Behauptung wesentlich besser mit einem Beispiel als mit vielen Worten unter Beweis gestellt werden kann, möchte ich anhand von sechs fiktiven Spielsituationen auf einem einzigen Spielbrett demonstrieren, wie sich überlegtes, besonnenes Abwägen aller vorhandenen Möglichkeiten bezahlt machen kann **(Beispiel 5)**!

Bei den sechs Beispielwörtern wurde jeweils die gleiche Anzahl von Buchstaben mit immer den gleichen Buchstabenwerten verwendet. Um es Ihnen noch anschaulicher zu machen, wurden die beiden Buchstabenpunkte, auf die es mir besonders ankam, in den Musterwörtern konstant durch L und B repräsentiert. Daher treten diese beiden Buchstaben in dem Beispiel häufiger auf, als sie im regulären SCRABBLE vertreten sind. Das erste ausgewählte Wort ABTEILE liegt zwar auf doppeltem Wortwert, keiner seiner Buchstaben befindet sich jedoch auf einem Buchstabenwert-Verdoppelungsfeld. Bei den darauffolgenden Wörtern demonstrieren Ihnen die sich steigernden Punktezahlen, was es ausmacht, wenn ein höher bewerteter Buchstabe auf ein Prämienfeld gelangt – innerhalb einer Wortvervielfachung, aber auch sonst, wie das Wort BASTLER mit immerhin 20 Punkten belegt.

Achtung

Buchstaben mit höchstem Wert möglichst auf Felder mit doppeltem oder dreifachem Buchstabenwert plazieren!

Wort	von	bis	Punkte
ABTEILE	5F	5L	20
ALBERNE	3H	3N	24
REBELTE	N2	N8	28
BRETTEL	12A	12G	26
ERLEBEN	2B	2H	32
BASTLER	B6	B12	20

Aus diesen Beispielen können Sie ganz deutlich und unmißverständlich ersehen, wie

Beispiel 5

Gezieltes Ausnutzen der Prämienfelder macht sich bezahlt!

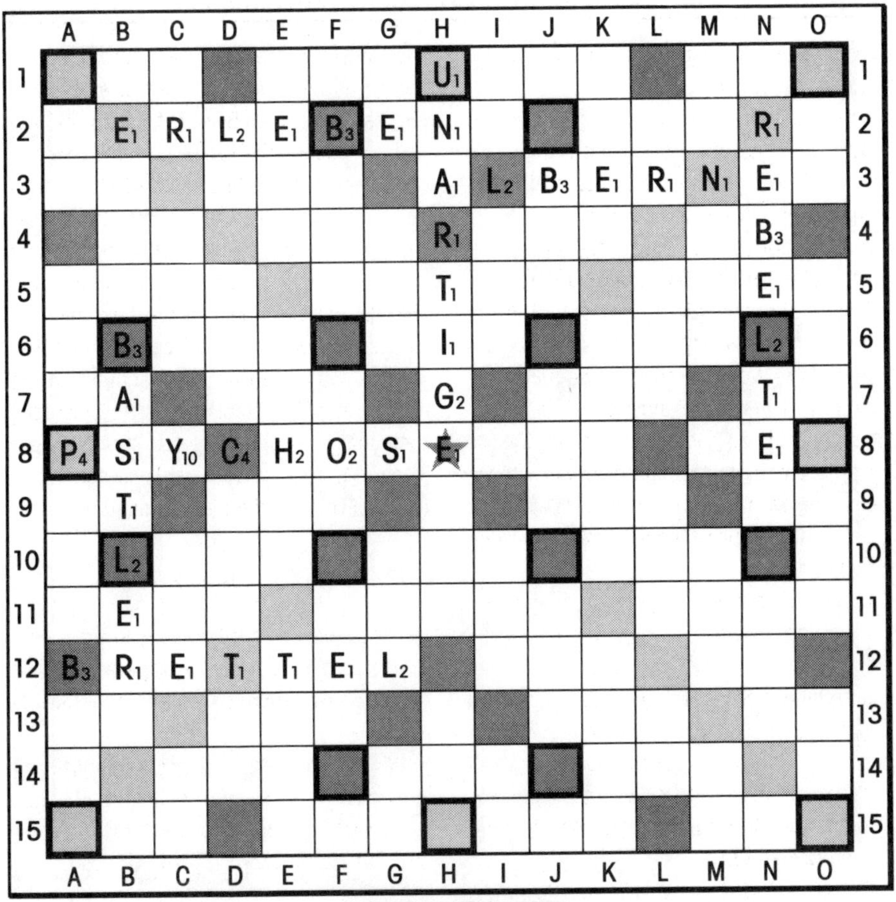

doppelter Wortwert

dreifacher Wortwert

doppelter Buchstabenwert

dreifacher Buchstabenwert

Beispiel 6

Dreifacher Buchstabenwert ist immer vorteilhaft

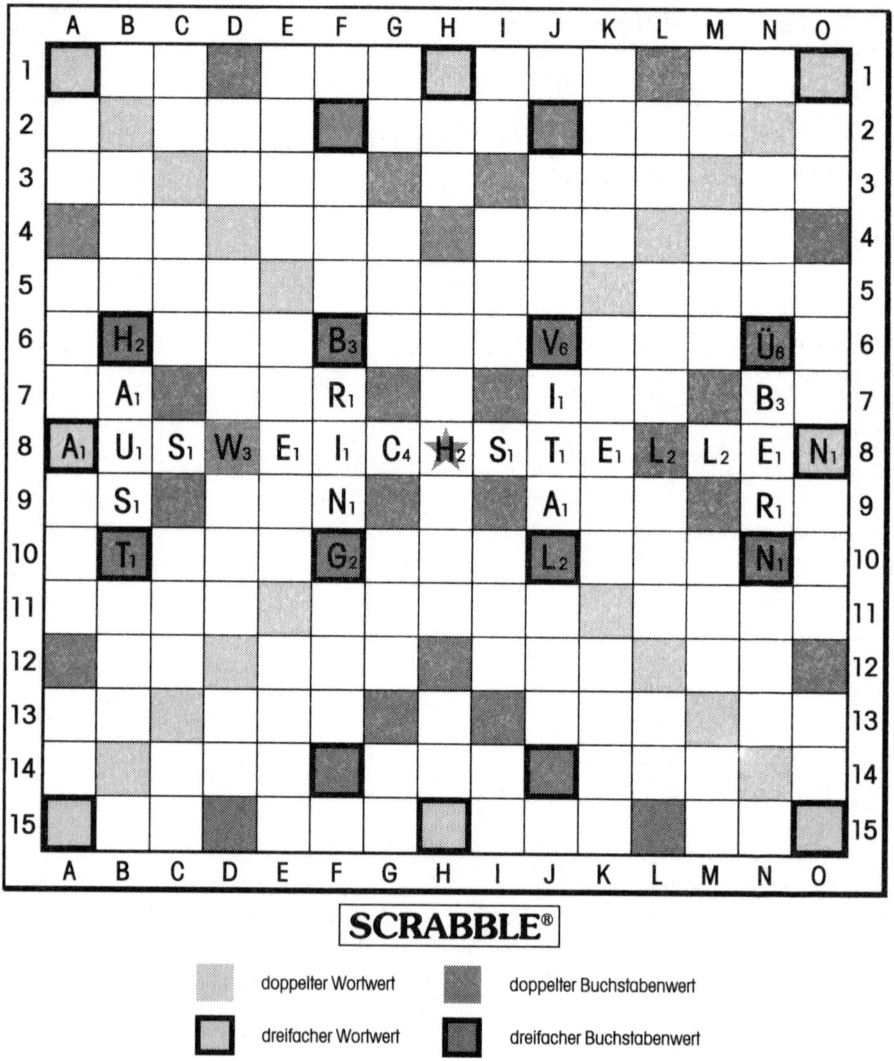

äußerst wichtig es beim SCRABBLE ist, auf die Buchstaben-Vervielfachungsfelder zu achten!

Tip

Ein dreifacher Buchstabenwert bringt manchmal mehr als ein doppelter Wortwert.

Am Wort BASTLER von Feld B6 bis B12 konnte man schon erkennen, daß allein der dreifache Buchstabenwert auch ohne zusätzliche Wortverdoppelung eine ganze Menge Punkte einzubringen vermag! Das ist natürlich ganz selbstverständlich bei den Spitzenwerten von 10 oder von 8 Punkten, wie etwa beim Q, beim Y oder auch beim X. Anhand eines weiteren Spielbeispiels möchte ich Ihnen wiederum verdeutlichen, wie wichtig und lukrativ gerade die Felder für den dreifachen Buchstabenwert überhaupt sein können **(Beispiel 6)**! Sie sind so angeordnet, daß man mit einigermaßen günstigen Buchstaben gleichzeitig zwei dieser Prämienfelder einnehmen kann! Hat man dann auch nur die Chance, zwei Buchstaben mit jeweils 2 Punkten auf diese Felder zu plazieren, dann kommt man schon zu recht passablen Wertungen für ein einziges Wort! Liegen die einzelnen Buchstabenwerte noch höher, so steigert sich die Punktezahl für das erzielte Wort ganz erfreulich! Bei den Buchstabenwerten über 4 Punkte reicht auch ein einziges Feld mit dreifachem Buchstabenwert aus, um zu recht befriedigenden Ergebnissen zu gelangen. Und hier die Berechnung der Beispiele:

Wort	von	bis	Punkte
HAUST	B6	B10	12
BRING	F6	F10	18
VITA	J6	J9	21
VITAL	J6	J10	27
ÜBER	N6	N9	23
ÜBERN	N6	N10	26

Und nun habe ich mir noch eine nette kleine **Denkaufgabe** für Sie ausgedacht! Ich hoffe, es macht Ihnen Spaß, ein bißchen herumzutüfteln! (vgl. Seite 98 und 99)
Auf dem Spielbrett sollen acht Buchstaben so untergebracht werden, daß ihr Wert sich nicht nur einmal, sondern sogar zweimal verdreifacht, nämlich

E mit dem Wert	1
H mit dem Wert	2
Z mit dem Wert	3
P mit dem Wert	4
Ü mit dem Wert	5
J mit dem Wert	6
Ö mit dem Wert	8
Y mit dem Wert	10

Haben Sie die Stellen gefunden, an denen das möglich ist? Gut, dann berechnen Sie bitte nun auch noch die Punkte, die sich dabei

Denkaufgabe

	A	B	C	D	E	F	G	H	I	J	K	L	M	N	O	
1				T1			T1				M3					1
2				R1			I1				I1					2
3		F4	L2	E1	I1	S1	C4	H2		O2	S1	T1	E1	N1		3
4				C4					B3		C4					4
5	V6	E1	R1	K4	A1	M3	T1		R1	U1	H2	R1				5
6	E1				M3				U1							6
7	R1				S1				N1							7
8	A1	U1	S1	K4	E1	I1	L2	E1	N1	D1	E1	R1				8
9	R1				L2		I1		E1							9
10	B3						A1		N1							10
11	E1	L2	E1	G2	I1	E1	N1									11
12	I1						E1									12
13	T1			W3	E1	H2	N1	E1								13
14	E1				H2											14
15	N1															15
	A	B	C	D	E	F	G	H	I	J	K	L	M	N	O	

SCRABBLE®

doppelter Wortwert — doppelter Buchstabenwert

dreifacher Wortwert — dreifacher Buchstabenwert

Lösung

SCRABBLE®
doppelter Wortwert
doppelter Buchstabenwert
dreifacher Wortwert
dreifacher Buchstabenwert

ergeben. Das ist nämlich auch eine sehr gute Übung.

ES + EI	auf	2F	= 8 Punkte
EH + EH	auf	6B	= 14 Punkte
UZ + UZ	auf	6J	= 20 Punkte
PI + PO	auf	2J	= 27 Punkte
HÜ + HÜ	auf	14F	= 34 Punkte
JE + JA	auf	10F	= 38 Punkte
BÖ + ÖL	auf	10B	= 53 Punkte
MY + MY	auf	6F	= 66 Punkte

Hätten Sie das erwartet? Ich glaube kaum!

Doppelter Wortwert mal doppelter Wortwert bringt vierfachen Wortwert

Innerhalb eines einzigen Zuges gleichzeitig zwei rosa Felder zu berühren, das ist schon ziemlich schwierig! Die größte diesbezügliche Chance hat man eigentlich dann, wenn auf der waagerechten oder auf der senkrechten Mittellinie die Felder H5 und H11 bzw. die Felder 8E und 8L frei sind und man gleichzeitig sechs passende Buchstaben zur Verfügung hat; siehe **Beispiel 7**.

Einen dritten Typus von verdoppeltem doppeltem Wortwert zeige ich Ihnen noch in **Beispiel 8**. Allerdings gelingen solche Konstruktionen außerordentlich selten. Welcher vernünftige SCRABBLE-Spieler würde auch schon derart spielen, nämlich ein Wort direkt so zwischen zwei rosa Felder zu legen, wie unser Beispiel es zeigt, daß es von beiden Seiten her mit einem Vorwort und/oder mit einer Verlängerung so leicht zu erreichen wäre.

Denkbar wäre eine solche Plazierung lediglich dann, wenn man an dem Spielverhalten des Gegners merkt, daß er gerade in einer Pechsträhne steckt und vollständig ohne Vokale spielt. In so einem besonderen Falle könnte ein Spieler dieses »Mittelwort« für sich selbst legen, um es beim folgenden Zug »fertigzustellen«.

Beispiel 7:

MISCHEN	= (13x2) x 2	= 52 Punkte
FÜTTERN	= (15x2) x 2	= 60 Punkte

Beispiel 8:

EINSCHLEUSENDE		
	= (19x2) x 2	= 76 Punkte

Dreifacher Wortwert mal dreifacher Wortwert bringt neunfachen Wortwert

Ein derartiger Glückstreffer ist zwar außerordentlich selten, aber immerhin – ab und zu kommt er doch vor!

Er kann einem allerdings auch nur dann gelingen, wenn der Gegner entweder noch sehr SCRABBLE-unerfahren ist oder wenn er sich gerade in einer ausgesprochenen Pechsträhne befindet! Im Grunde genommen ist die Situation ähnlich wie beim verdoppelten doppeltem Wortwert auch **(Beispiel 9)**!

Beispiel 7 Doppelter Wortwert x doppelter Wortwert = vierfacher Wortwert

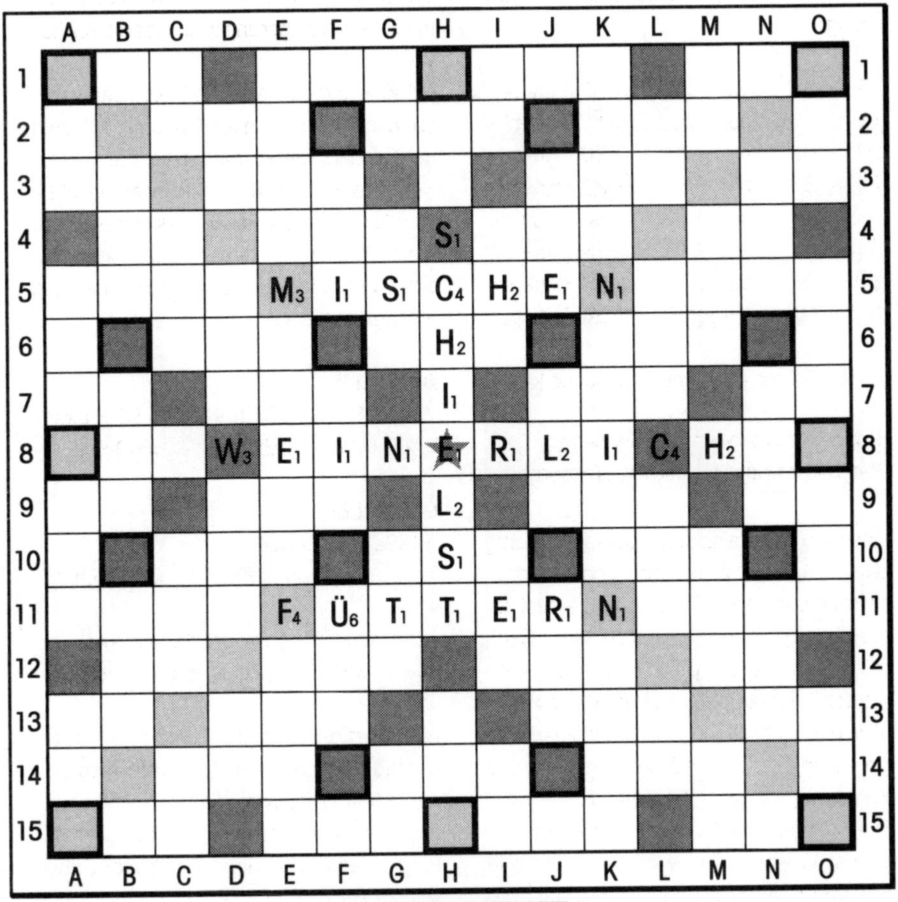

SCRABBLE®

doppelter Wortwert

doppelter Buchstabenwert

dreifacher Wortwert

dreifacher Buchstabenwert

Beispiel 8

Doppelter Wortwert x doppelter Wortwert = vierfacher Wortwert

Beispiel 9 Dreifacher Wortwert x dreifacher Wortwert = neunfacher Wortwert

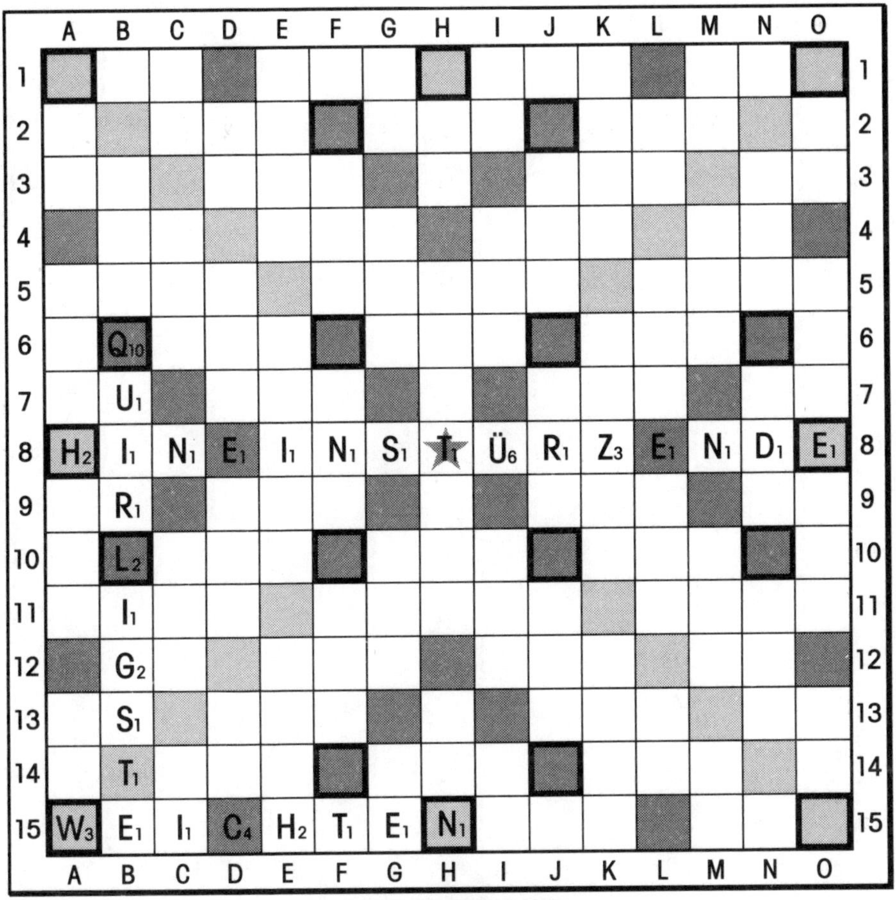

SCRABBLE®

doppelter Wortwert
doppelter Buchstabenwert
dreifacher Wortwert
dreifacher Buchstabenwert

Beispiel 10

Einfaches überkreuzendes Verlängern

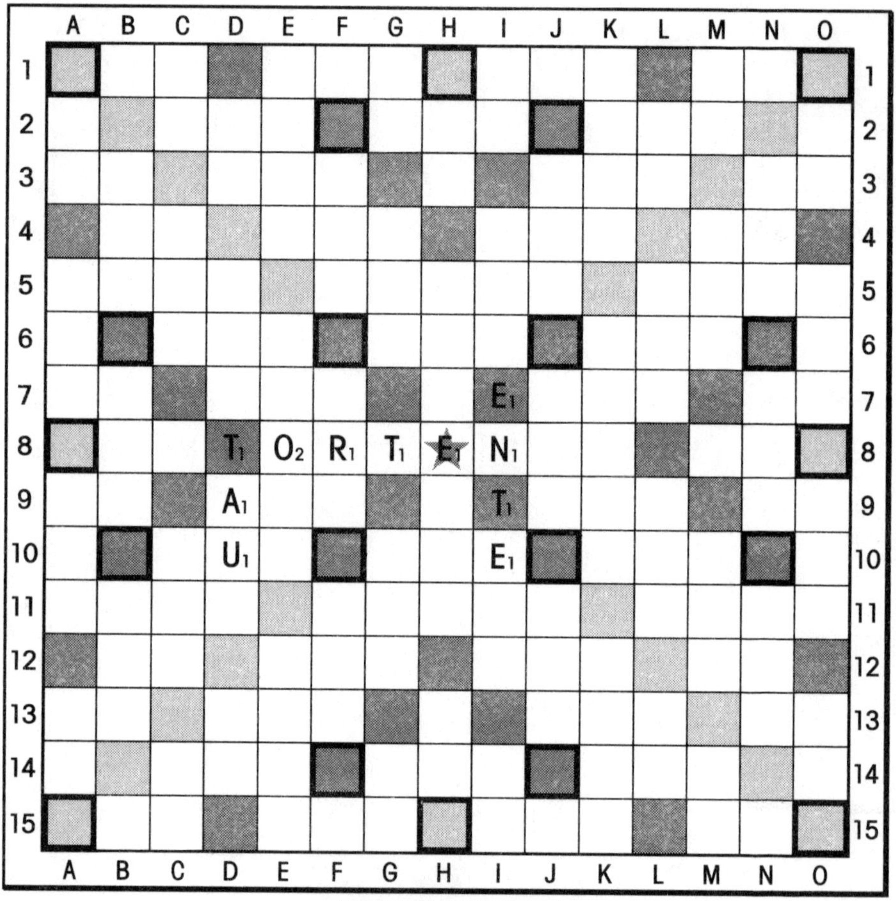

SCRABBLE®

doppelter Wortwert

doppelter Buchstabenwert

dreifacher Wortwert

dreifacher Buchstabenwert

Beispiel 11 — Zweimaliges Überkreuzendes Verlängern

Beispiel 12 Überbrücken

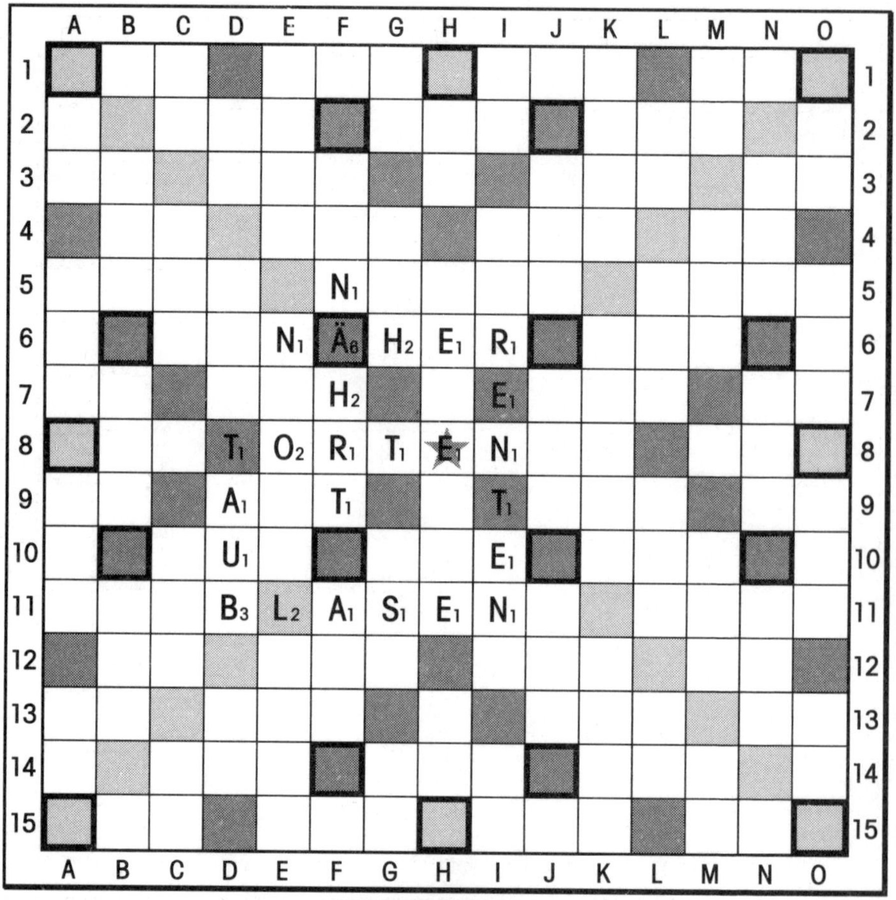

SCRABBLE®

doppelter Wortwert

doppelter Buchstabenwert

dreifacher Wortwert

dreifacher Buchstabenwert

Beispiel 13 Überkreuzendes Verlängern und Überbrücken

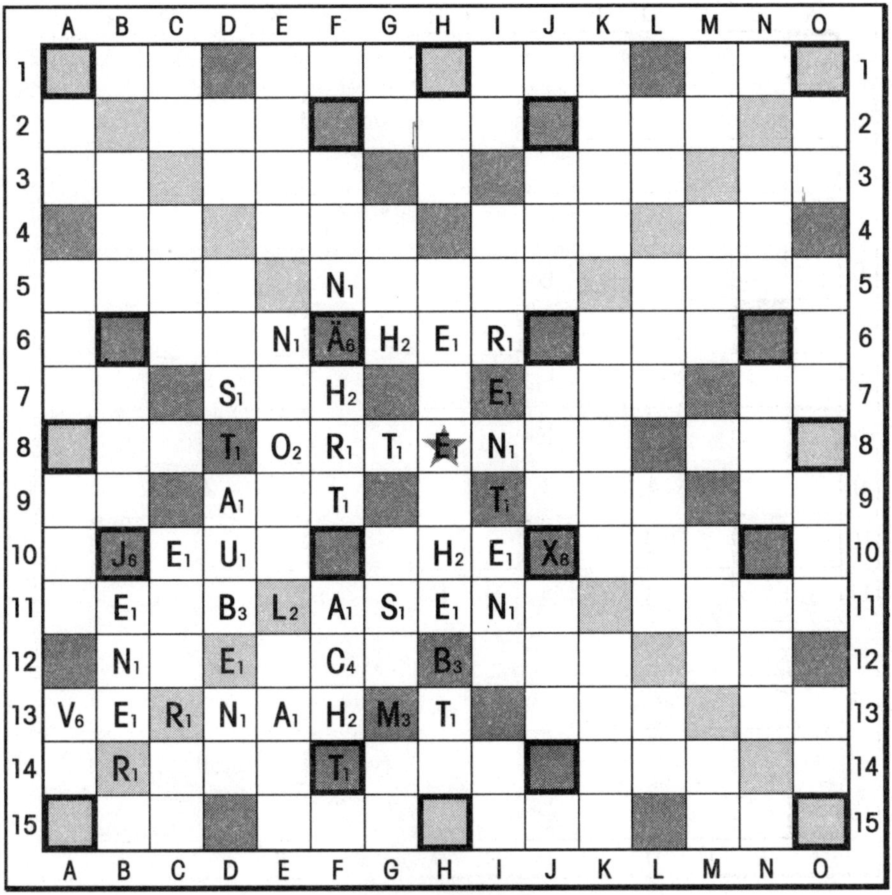

SCRABBLE®

doppelter Wortwert

doppelter Buchstabenwert

dreifacher Wortwert

dreifacher Buchstabenwert

Verlängern und Überkreuzen

Das Verlängern und Überkreuzen eines bereits gesetzten Wortes durch ein rechtwinklig daraufstoßendes Wort ist eine der attraktivsten und ergiebigsten Spielmöglichkeiten. Diese Art des Ansetzens – man kann sie am Anfang und auch am Ende eines Wortes anwenden (siehe auch Probespiel Zug 5, 7 und 11) – verhilft zu hohen Punkteergebnissen, denn es werden ja die Werte zweier – manchmal sogar mehrerer Wörter (Brücken!) addiert.
An einem ganz simplen Beispiel möchte ich Ihnen die Vorzüge des verlängernden rechtwinkligen Setzens demonstrieren. Auf dem Spielbrett liegt das Wort HAGER. Gehen wir einmal davon aus, daß uns nur zwei brauchbare Buchstaben zum Ansetzen zur Verfügung stehen, nämlich das E und das R. Verlängern wir nun unser Wort um beide Buchstaben zu HAGERER, so erzielen wir damit 9 Punkte, verlängern und überkreuzen wir hingegen, so erzielen wir 10 Punkte, da das E ja zweimal angerechnet wird:

		H	A	G	E	R	**E**			
							R			

Hat man die Alternative, ein Wort entweder über doppelten Wortwert oder durch Verlängern rechtwinklig an ein Wort zu setzen, so sollte man immer genau nachrechnen, was günstiger ist. Bringt man das kreuzende Wort über doppelten Wortwert, so ist dieser Spielzug auf jeden Fall zu bevorzugen, denn die Punkteausbeute entspricht dann der des dreifachen Wortwertes. Besonders aufregend sind natürlich Züge, bei denen man mit Hilfe dieser Spielmethode in den Bereich des dreifachen Wortwertes vorstößt. Das bringt Punkte!
Es lohnt sich nicht, ein Wort nicht voll auszuspielen, sondern einen Stein zurückzubehalten und direkt vor der Kreuzung zum dreifachen Wortwert zu verharren, in der Absicht, dem Gegner den Zugang zum dunkelroten Feld zu erschweren. Schafft er dies nämlich doch mit der Methode des Verlängerns und Kreuzens, erzielt er ein noch besseres Punkteergebnis.

Es gibt mehrere Spielarten des Verlängerns plus Überkreuzen:

- das einfache überkreuzende Verlängern (**Beispiel 10**, Seite 104)
- das zwei- und mehrmalige überkreuzende Verlängern (**Beispiel 11**, Seite 105)
- das Überbrücken (**Beispiel 12**, Seite 106)
- das Verknüpfen beider Methoden (**Beispiel 13**, Seite 107)

All diese Spielweisen sind außerordentlich anspruchsvoll und spitzfindig. Sie sind es, die Farbe und Leben in das Spiel bringen. Wer mögliche Spielansätze für derlei SCRABBLE-Methoden bewußt blockiert und im Keime erstickt, weil er im Moment selbst nicht in der Lage ist, dabei mitzuhalten, ist in meinen Augen ein kurzsichtiger Spieler, um nicht zu sagen ein schlechter. Verbissenheit degradiert ein phantasievolles, spritziges Spiel zu einem langweiligen Zeitvertreib.

Paralleles Legen

Der Begriff des parallelen Legens umfaßt eine Anzahl sehr interessanter und vielseitiger Spielmethoden:

- paralleles Legen mit nur einem einzigen Berührungspunkt – wobei an der Nahtstelle Wörter unterschiedlicher Länge aneinanderstoßen können.

Die folgenden Beispiele sollten Sie sich gründlich ansehen.

Beispiel a

				J	A					
					M	**I**	**T**			

Das Wort JA wurde parallel zu MIT gesetzt; in der Senkrechten entstand AM.

Beispiel b

			S	**O**	**J**	**A**				
						M	I	T		

Das Wort SOJA wurde parallel zu MIT gesetzt, senkrecht ergab sich AM.

Beispiele c und d

		J	**A**					E		
			M	I	T			B		
			E					E		
			I					N		
			S					E		
			E					**R**	**E**	

Fällt Ihnen etwas auf? Vergleichen Sie genau! Das parallele Legen mit nur einem Berührungspunkt ist eine Variante des überkreuzenden Verlängerns. Beide Formen sind meistens so ineinander verzahnt, daß man sie kaum voneinander unterscheiden kann.

- paralleles Legen mit zwei oder mehr Berührungspunkten

Auch hierbei möchte ich Ihnen anhand einer konstruierten Spielsituation noch einmal die Regeln verdeutlichen und Ihnen zeigen, wie sich paralleles Legen und alle Formen von Überkreuzen und Verlängern durchdringen und ergänzen.

M	U	S	S				D	Ö	S	E
	Z	O	O			R	A	D	I	
			H	A	G	E	R	E	R	
			L					R	E	
			E						N	
									E	

Zug 1 HAGER
Zug 2 ZOO, OH
(Paralleles Legen mit einem Berührungspunkt)
Zug 3 MUS, UZ, SO
(Paralleles Legen mit zwei Berührungspunkten)
Zug 4 MUSS, SOHLE
(Verlängern bzw. Eckenspielen)
Zug 5 RAD, RE, AR
(Paralleles Legen mit zwei Berührungspunkten)
Zug 6 DÖSE, DAR, ÖD
(Mischform)
Zug 7 ÖDER, HAGERE
(Verlängern in die Ecke)
Zug 8 SIRENE, RADI
HAGERER, RE
(Von allem etwas)

Ganz typisch für diese Art des Spielens ist die Buchstabentreppe, die sich immer weiter in die Ecken hin aufbaut. Da bei diesen Stufenkonstruktionen in nur einem Spielzug mehrere Wörter zusammengefaßt werden, ergeben sich sehr hohe Bewertungen.

Achtung

Alle beim parallelen Legen entstehenden Buchstabenverbindungen müssen sinnvolle Wörter ergeben!

Es ist daher sehr wichtig, sich einen soliden Fundus an Zwei- und Drei-Buchstaben-Wörtern zuzulegen. Interjektionen eignen sich besonders gut für paralleles Legen.

Halten Sie sich aber gerade in diesem Bereich streng an die Wörter, die in einem guten Lexikon zu finden sind. Eigene Wortschöpfungen sind nicht zulässig, auch wenn sie noch so plausibel klingen! Wenn Sie dabei nicht ganz konsequent bleiben, werden Sie sehr bald feststellen müssen, daß eine Flutwelle der unmöglichsten Wörter und Laute über Ihr SCRABBLE-Spiel hereinbrechen wird, deren Sie dann nicht Herr werden können.

Rationelles Spiel

Natürlich ist es ein ganz legitimer Wunsch eines jeden Spielers, siegen zu wollen. Darin sind Sie und ich uns gewiß einig! Was nun speziell das SCRABBLE betrifft, so habe ich allerdings neben dem Ehrgeiz, eine Punktezahl zu erzielen, die höher ist als die meines Gegners, den noch weitaus größeren Ehrgeiz, an sich eine möglichst hohe Punktezahl zu erringen – tunlichst sogar eine, die über 400 liegt.
Denn nur, wer seine Partie mit einer hohen Gewinnzahl zu beschließen imstande ist, bekundet damit, daß er ein guter SCRABBLE-Spieler ist. Und dabei kommt es in erster Linie nicht einmal so sehr darauf an, ob man gewonnen hat oder nicht.
Eine Partie, bei der ein Spieler 199 und der andere 201 Punkte vorzuweisen hat, so eine Partie ist eigentlich nur dann entschuldbar,

wenn es sich bei den Spielern entweder um ganz blutige Anfänger handelt, oder aber dann, wenn sie sich gerade mit ihrem Reise-SCRABBLE während einer Kreuzfahrt bei Windstärke 12 zu entspannen versuchen.

Bei allen anderen Gelegenheiten sollten Sie überlegter spielen und dabei die folgenden Richtlinien beachten:

- Nutzen Sie die Buchstaben-Prämienfelder auf optimale Weise aus, indem Sie die Ihnen zur Verfügung stehenden SCRABBLE-Steine so ordnen, daß die Buchstaben mit den höheren Werten nach Möglichkeit auf diese Prämienfelder gesetzt werden können (siehe auch Seite 94 ff.).
- Bevorzugen Sie die Wortverlängerungen, Überkreuzungen und paralleles Legen in allen seinen Varianten, und schlüpfen Sie geschickt in freie Ecken hinein.
- Haben Sie die Wahl zwischen zwei Wörtern mit dem gleichen Punktwert, so wählen Sie das aus, bei dem weniger Buchstaben benötigt werden, denn auf diese Weise sparen Sie Steine ein, die Sie anderweitig besser losschlagen können.
- Können Sie ein Wort entweder mit einem oder zwei, drei oder mehr Buchstaben verlängern, und jeder dieser Buchstaben brächte Ihnen nur jeweils einen einzigen zusätzlichen Punkt ein, so verzichten Sie lieber darauf, alle drei Buchstaben gleich auf einmal zu legen. Versuchen Sie lieber, dieses Wort durch wiederholtes Ansetzen immer nur eines Buchstabens mehrmals zu »melken« – wie ich diesen Vorgang scherzhaft zu bezeichnen pflege.

Würden Sie zum Beispiel das Wort LÄRM in einem Zuge zu LÄRMENDEN verlängern, so hätten Sie 17 Punkte erzielt. Wären Sie aber rationeller vorgegangen und hätten das Wort »gemolken«, dann hätten Sie wesentlich mehr Punkte herausgeholt. Wie viele, das wollen wir gleich einmal herausfinden.

LÄRME	13 Punkte
LÄRMEN	14 Punkte
LÄRMEND	15 Punkte
LÄRMENDE	16 Punkte
LÄRMENDEN	17 Punkte

Insgesamt wären das 75 Punkte gegenüber nur 17 Punkten beim einmaligen Verlängern dieses Wortes.

Übrigens gilt diese Empfehlung, mit Buchstaben zu sparen, wenn es sich nur um die Differenz einiger weniger Punkte handelt, auch bei den eben aufgeführten Spielmethoden.

Sollte Ihr Gegner auch davon profitieren, gönnen Sie es ihm ruhig, es ist ja genügend für beide da. Natürlich ist diese Spielweise nur bei einem gleichgestimmten, auf hohe Endwerte und flüssigen Spielablauf bedachten Partner möglich.

- Haben Sie die Wahl zwischen einem langen neu zu setzenden Wort und dem Verlängern eines auf dem Spielbrett befindlichen, so bauen Sie lieber das bereits vorhandene Wort aus, falls es nicht erheblich weniger Punkte einbringt.

• Bauen Sie nicht mutwillig freistehende hohe Buchstaben zu, denn auf diese Weise verhindern Sie deren mehrmalige Nutzung.

• Verbauen Sie nicht die Zugänge zu Wortwert-Verdoppelungs- und Wortwert-Verdreifachungsfeldern, denn Sie blockieren auf diese Weise das gesamte Spiel nicht nur für andere, sondern auch für sich selbst.

• Bedenken Sie: Die 100 Buchstaben des SCRABBLE-Spiels haben genau den Wert von 202 Punkten. Ein gutes Spiel, bei dem die Partner gemeinsam an die 700 Punkte erzielen sollten, gelingt nur dann, wenn man mit den Buchstaben rationell umgeht und die gesetzten Wörter nicht nur einmal gezählt werden können.

Defensives Spiel und Blockade

Was versteht man unter einem defensiven Spieler?

Das ist ein lustloser, zögernder, ängstlicher Spieler, der dem anderen nichts gönnt, ihn auf dem Trockenen sitzenlassen möchte, und der dabei regelmäßig auch selbst an Auszehrung zugrunde geht:

• Er achtet minutiös darauf, daß er dem Gegenspieler ja keine Chance eröffnet, auf ein Wortwert-Vervielfachungsfeld zu gelangen.

• Er verzichtet lieber selbst auf eine gute Spielgelegenheit, als daß er etwa durch Wahrnehmung dieser Spielchance dem Mitspieler eine gute Spielmöglichkeit böte.

• Er verstopft sofort jedes freie U in der fanatischen Absicht, den Gegner immer und auf jeden Fall daran zu hindern, ein in seinem Besitz befindliches Q loswerden zu können! Bekommt er es selbst und kann es nicht sofort plazieren, so tauscht er es vorsorglich, denn er geht keinerlei Risiko ein.

• Er ist ein exzellenter Blockierer! Er lernt bestimmte zwei-, drei- oder vierbuchstabige Wörter, die sich zum Blockieren besonders eignen, und benutzt sie mit Hingabe! Sieht er eine offene Flanke, die für andere von Vorteil sein könnte, so stopft er das Loch derart zu, daß weder er noch andere das Umfeld dieser Lochstopferei danach bespielen können.

• Ihm kommt es überhaupt nicht auf ein schönes Spiel an, sondern lediglich darauf, zu gewinnen! Und da er obendrein ein schlechter Spieler ist, traut er es sich nur zu dadurch zu gewinnen, daß er wenigstens ein paar mickrige Pünktchen mehr hat als sein Gegner! Und damit ist er dann ganz zufrieden! Er will um jeden Preis gewinnen – auch um den Preis einer für meine Begriffe unbefriedigenden Spielweise.

Leben und leben lassen – spielen und spielen lassen! Das ist meine Devise! Und ich bin damit immer gut gefahren – habe wunder-

volle Partien gespielt und auch recht häufig dabei gewonnen! Wirklich!
Das verbissene Spiel gefällt mir ganz und gar nicht! Das soll aber nun nicht heißen, daß man niemals und auf gar keinen Fall defensiv spielen sollte und daß man auch niemals blockieren dürfte! Das wäre ausgesprochen naiv gedacht.

Wann also darf und soll man defensiv spielen?

- Natürlich erst einmal dann, wenn man merkt, daß der andere so spielt und sich auch nicht aus seiner Defensive herauslokken läßt. Es hat wirklich keinen Zweck, offen zu spielen, wenn ohnehin gleich wieder alles dichtgemacht wird und alle Wege blockiert werden.
- Wenn man eine derartige Pechsträhne hat, daß der Gegenspieler zwar die ihm gebotenen Chancen bestens ausnutzen kann, man selbst aber auf die eigenen verzichten muß, weil man zu schlechte Buchstaben hat.
- Dann, wenn es sich um dreifachen Wortwert handelt. Bei offensivem Spiel öffnet man Wortwert-Verdoppelungsfelder im Wechsel – eines für sich selbst, eines für den anderen. Dreifacher Wortwert ist viel seltener zu holen und erbringt auf einen Schlag überdurchschnittlich viel Punkte. Deshalb wäre es nicht großzügig, sondern nur leichtsinnig, dreifachen Wortwert ohne Überlegung zu öffnen! Daher eine Bitte zum Abschluß dieses Kapitels:

Seien Sie kein SCRABBLE-Muffel, seien Sie ein Enthusiast! Vielleicht sind Sie ein defensiver Spieler, weil Sie es nicht anders gelernt haben, weil Sie noch nie erfahren haben, wie reizvoll, lebendig und amüsant »richtiges« SCRABBLE sein kann! Probieren Sie es einfach einmal! Eingefleischte SCRABBLE-Miesmacher gibt es nicht, weil diese Art des Spielens so langweilig ist, daß man sehr schnell die Lust verliert! Aber es gibt ausgesprochene Enthusiasten, und es kommen immer mehr dazu, weil SCRABBLE, wenn man es richtig spielt, das ideale Wortspiel überhaupt ist.

Offensives Spiel

Ich möchte hier gleich zu Anfang auf die Gefahr einer Verwechslung aufmerksam machen: Ein »offensives« Spiel ist beileibe kein aggressives Spiel! Ein aggressiver Teilnehmer wäre meiner Meinung nach einer, der nicht nur auf dem Spielfeld mit seinen Buchstaben-Steinen agiert, sondern einer, der darüber hinaus seinen Gegner durch Äußerungen und Handlungen aller Art zu verunsichern trachtet! Das fängt damit an, daß ein starker Raucher einen Asthmatiker in dicke Qualmwolken hüllt, führt weiter über Unmutsäußerungen aller Art – von der feinen Raunzerei bis zur unfeinen Pöbelei – und kann im Extremfall damit enden, daß man einen stoßenden Fuß unter dem Tisch und einen fliegenden SCRABBLE-Stein am Kopf zu spüren bekommt! Das alles meine ich nicht, wenn ich von offensivem Spiel spreche!

Offensiv spielen bedeutet:

- sich und dem Partner die Chance offenlassen, Wortwert-Vervielfachungsfelder zu erreichen!
- sich und dem Partner die Chance offenlassen, hohe Buchstabenwerte günstig loszuwerden!
- sich und dem Partner die Chance offenlassen, das Spielfeld raumgreifend zu besetzen!
- es sich und dem Partner ersparen, ein »Idioten-SCRABBLE« zu spielen, weil man vor lauter Blockaden nicht mehr aus noch ein weiß!
- sich und dem Partner die Chance offenlassen, Freude und Spaß am SCRABBLE zu haben!

Achtung

Offensives Spiel soll aber auch nicht heißen: naives Spiel! Es bedeutet nicht: Immer alle Weg öffnen, auf denen der andere schön gemütlich einherspaziert, so daß er überall und ständig zuerst da ist, während er seinerseits dann aber nichts Entsprechendes zu bieten bereit ist. Dann nämlich gewinnt er ganz bestimmt, und Sie haben das Nachsehen!

- Offensives Spiel heißt, ruhig ein Wort so zu plazieren, daß eine schöne Vor- oder Nachsilbe zum dreifachen Wortwert hinführt, die jeder von beiden erlangen kann, wobei man selbst allerdings sich eine gute Chance ausrechnen sollte, der erste zu sein, weil man schon zwei dazu passende Buchstaben auf seinem Bänkchen liegen hat.
- Offensives Spiel heißt beispielsweise auf keinen Fall, daß man ein Wort so plaziert, daß bis zum Feld mit dem dreifachen Wortwert nur noch ein einziger Allerweltsbuchstabe fehlt, den der andere nur anzulegen braucht, weil Sie die Vorarbeit geleistet haben!
- Offensives Spiel heißt auch nicht, unbedingt dann ein U vor ein Feld mit dreifachem Buchstabenwert zu setzen, wenn man weiß, daß der Gegenspieler mit dem Q sitzengeblieben ist und es zum Spielausgang um jeden Punkt geht!
- Offensives Spiel ist gewiß auch nicht kleinlich, und es läßt zusammengesetzte Hauptwörter etwa dann durchgehen, wenn sie zwar nicht im Duden stehen, aber dennoch einen einigermaßen akzeptablen Sinn ergeben, es heißt aber andererseits auch, daß man ganz verrückte Wörter weder selbst legen möchte, noch sie zu legen gestattet!
- Offensiv kann man nur spielen, wenn man souverän agiert.

Souveränes Spiel

Ein Souverän ist ein Herrscher!
Wenn jemand eine Sprache beherrscht, dann spricht er sie fließend, perfekt, mit all ihren Feinheiten und Raffinessen! Wenn jemand ein Musikinstrument beherrscht, dann spielt er es perfekt und virtuos und vielleicht auch nicht nur wie ein Könner, sondern wie ein Künstler.
Um bei unserem Vergleich zu bleiben:
Sprachen müssen erlernt und durch Sprechen geübt werden, will man sie fließend anwenden; das meisterhafte Spielen eines Instruments erfordert ebenfalls neben der Freude und der Begabung viel Ausdauer, Fleiß und immer wieder neues Üben!
Beim SCRABBLE ist es ähnlich, wenn auch natürlich nicht gar so mit Bedeutsamkeit befrachtet, denn es ist ein Spiel, und es soll in erster Linie Spaß machen, nicht mehr, aber auch nicht weniger! Und da es gewiß ein Spiel für anspruchsvolle Leute ist, so ist es nur verständlich, daß SCRABBLE-Enthusiasten auch souveräne Spieler sein möchten!
Der souveräne SCRABBLE-Spieler hat ein gutes Gespür für die Buchstaben:

- Er sortiert sie schnell, geschickt und zweckmäßig.
- Er jongliert mit ihnen von Fall zu Fall zügig und virtuos.
- Er hat immer eine genaue Vorstellung von der Anzahl der schon gesetzten und der noch verfügbaren Buchstaben.

Der souveräne SCRABBLE-Spieler hat Freude an der Sprache:

- Er hat Interesse für Grammatik.
- Er möchte seinen Wortschatz erweitern.
- Er hat Sinn für jede Art von Spielereien mit Worten und Begriffen.

Der souveräne SCRABBLE-Spieler beherrscht das Spielfeld:

- Er beobachtet sämtliche Spielsituationen.
- Er reagiert schnell und überlegen auf jede neue Spielentwicklung.

Der souveräne SCRABBLE-Spieler ist ein fairer Partner:

- Er spielt offensiv.
- Er legt allergrößten Wert auf ein spannendes, elegantes und natürlich auch schönes Spiel!

Jeder von uns – Sie und ich –, wir alle können uns, wenn uns danach zumute ist, einmal ausdenken, was man noch alles mit dem SCRABBLE-Brett und den Buchstaben in punkto Spiele anfangen könnte. Das wäre bestimmt einmal ganz reizvoll, aber es ist auf keinen Fall das, was ich Ihnen hier noch an Spielvarianten anbieten möchte. Ich zeige Ihnen hier nämlich einige interessante Spielformen des SCRABBLE auf, die sich immer noch ganz eng an die offiziellen Regeln anlehnen und die eigentlich nur in einem ganz speziellen Punkt von ihnen abweichen.

Hauptwörter-SCRABBLE

Es dürfen nur Hauptwörter gesetzt werden, und zwar innerhalb eines Zuges so viele wie möglich. Wird man alle Buchstaben auf einmal los, bekommt man 50 Extrapunkte! Die Hauptwörter dürfen nur in der Einzahl gesetzt, nicht aber verlängert, umgewandelt oder auch zusammengesetzt werden.

Joker-SCRABBLE

Die beiden Blankosteine gelten als Joker. Hat jemand den Buchstaben, den der aufs Spielfeld gesetzte Joker repräsentieren soll, so darf er ihn gegen den entsprechenden Joker austauschen; der eingetauschte Joker muß dann sofort wieder ausgespielt werden, er darf also nicht zur späteren Verwendung aufs Bänkchen.

Fremdsprachen-SCRABBLE

Vom Lateinischen bis zum Englischen oder Französischen – in allen Sprachen, die Sie einigermaßen beherrschen, können Sie natürlich SCRABBLE spielen. Entfernen Sie die Buchstaben, die es in der betreffenden Sprache nicht gibt und sehen Sie zu, wie weit Sie kommen! Ein entsprechendes Lexikon sollte aber auf jeden Fall zur Verfügung stehen, um unnötigen Streitereien aus dem Weg zu gehen.
Wer fremdsprachliches SCRABBLE ganz ernsthaft betreiben möchte, der müßte aber wohl doch schon eine Spielausgabe in der gewünschten Sprache zur Verfügung haben. SCRABBLE gibt es zur Zeit unter anderem in: Africaans, Arabisch, Dänisch, Englisch, Französisch, Griechisch, Holländisch, Iwrith, Norwegisch und Spanisch. Und immer noch kommen neue Sprachen hinzu. SCRABBLE ist nicht nur weltbekannt, es ist auch weltweit beliebt.

In diesem Buch war die Rede von Regeln, die ich Ihnen erläuterte, von Erfahrungen, die ich Ihnen mitteilte, von Tricks, die ich Ihnen verriet, und von Strategien, die ich Ihnen nahelegte.

Ganz besonders aber handelte dieses Büchlein von meiner großen SCRABBLE-Begeisterung, die ich auf Sie übertragen wollte. Lassen Sie sich anstecken von meiner Leidenschaft, lassen Sie sich mitreißen von meinem Enthusiasmus! Werden auch Sie ein begeisterter, engagierter, mit einem Wort ein echter SCRABBLE-Fan!

Zusammenstellung der wichtigsten grammatikalischen Begriffe

Adjektiv	*Eigenschaftswort*
adjektivisch	*als Eigenschaftswort gebraucht*
Adverb	*Umstandswort*
adverbial	*als Umstandswort gebraucht*
Akkusativ	*Wenfall, 4. Fall*
Aktiv	*Tätigkeitsform, Tatform*
Apostroph	*Auslassungszeichen*
Artikel	*Geschlechtswort*
Dativ	*Wemfall, 3. Fall*
Deklination	*Beugung der Hauptworte, der Pronomen und Adjektive*
deklinieren	*beugen*
Demonstrativpronomen	*hinweisendes Fürwort*
Diminutiv(um)	*Verkleinerungswort*
Diphtong	*Zwielaut, Doppellaut*
feminin	*weiblich*
Femininum	*weibliches Geschlecht*
flektierbar	*beugbar*
flektieren	*beugen*
Futur I	*Zukunft*
Futur II	*vollendete Zukunft*
Genitiv	*Wesfall, 2. Fall*
Genus	*grammatikalisches Geschlecht*
Grammatik	*Sprachlehre*
Imperativ	*Befehlsform*
Imperfekt	*unvollendete Form der Vergangenheit, Mitvergangenheit*
Indefinitivpronomen	*unbestimmtes Fürwort*
Indikativ	*Wirklichkeitsform*
Infinitiv	*Nennform, Grundform*
Interjektion	*Ausrufe-, Empfindungswort*
Interrogativpronomen	*Fragefürwort*

Kardinalzahl	*Grundzahl*
Kasus	*(Beugungs-)Fall*
Komparation	*Steigerung*
Komparativ	*Vergleichsstufe des Eigenschaftswortes, 1. Steigerungsstufe, Mehrform*
Konjugation	*Beugung der Verben*
konjugieren	*ein Verb beugen*
Konjunktion	*Bindewort*
Konjunktiv	*Möglichkeitsform*
Konsonant	*Mitlaut*
maskulin	*männlich*
Maskulinum	*männliches Geschlecht*
Modus	*Aussageweise*
Neutrum	*sächliches Geschlecht*
Nomen	*Hauptwort*
Nominativ	*1. Fall, Werfall*
Numerale	*Zahlwort*
Objekt	*Sinnergänzung, Satzergänzung*
Optativ	*Wunschform*
Ordinalzahl	*Ordnungszahl*
Partikel	*unveränderbares Wort*
Partizip	*Mittelwort*
Partizip Perfekt	*Mittelwort der Vergangenheit*
Partizip Präsens	*Mittelwort der Gegenwart*
Passiv	*Leideform*
Perfekt	*Vollendung in der Gegenwart*
Personalpronomen	*persönliches Fürwort*
Plural	*Mehrzahl*
Plusquamperfekt	*Vorvergangenheit, Vollendung in der Vergangenheit*
Positiv	*Grundstufe (Grundform) des Eigenschaftswortes*

Zusammenstellung der wichtigsten grammatikalischen Begriffe

Possesivpronomen	*besitzanzeigendes Fürwort*
Prädikat	*Satzaussage*
prädikativ	*als Satzaussage gebraucht*
prädikatives Adjektiv	*aussagendes Eigenschaftswort*
Präposition	*Verhältniswort*
Präsens	*Gegenwart*
Präteritum	*Vergangenheit*
Pronomen	*Fürwort*
reflexiv	*rückbezüglich*
Reflexivpronomen	*rückbezügliches Fürwort*
Relativpronomen	*bezügliches Fürwort*
Singular	*Einzahl*
Subjekt	*Satzgegenstand*
Substantiv	*Hauptwort*
substantivisch	*als Hauptwort gebraucht*
Superlativ	*Höchststufe (Meistform) des Eigenschaftswortes, 2. Steigerungsstufe*
Syntax	*Satzlehre*
Tempus	*Zeitform*
Verb(um)	*Zeitwort, Tätigkeitswort*
Vokal	*Selbstlaut*
Vokabel	*das einzelne Wort*

NÜTZLICHE RATGEBER

EINE AUSWAHL

Stand: Frühjahr 1991

Essen und Trinken

Meine feine Bürgerliche Küche
(**4411**-9) Von E. Falout, 160 S., 119 Farbfotos, Pappband. ●●●

Kochen für 1 Person
Rationell wirtschaften, abwechslungsreich und schmackhaft zubereiten. (**0586**-5) Von M. Nicolin, 104 S., 8 Farbtafeln, 23 Zeichnungen, kart. ●

Schnell und individuell
Die raffinierte Single-Küche
(**4266**-3) Von F. Faist, 160 S., 151 Farbfotos, Pappband. ●●●

Für Kenner und Genießer **Lamm**
(**1090**-7) Von H. Imhof, 64 S., 50 Farbfotos, Pappband. ●

Frischer Fang aus Fluß und Meer **Fisch**
(**0964**-X) Von L. Grieser, 64 S., 69 Farbfotos, Pappband. ●

Edler Kern in harter Schale **Meeresfrüchte**
(**0886**-4) Von L. Grieser, 48 S., 52 Farbfotos, Pappband. ●

Gaumenfreuden Tag für Tag
Pfannengerichte
(**1007**-9) Von S. Fabke, 64 S., 54 Farbfotos, Pappband. ●

Von Tatar und falschen Hasen **Hackfleisch**
(**0866**-X) Von A. und G. Eckert, 64 S., 42 Farbfotos, Pappband. ●

Aus eigener Küche **Gute Wurst**
(**0948**-8) Von J. Bessel, G. Quaas, 80 S., 8 Farbtafeln, kart. ●

Aus lauter Lust und Liebe **Knoblauch**
(**0867**-8) Von L. Reinirkens, 64 S., 45 Farbfotos, Pappband. ●

Kochen und würzen mit **Paprika**
(**0792**-2) Von A. und G. Eckert, 88 S., 8 Farbtafeln, kart. ●

Bintje, Irmgard und Sieglinde
Kartoffeln
(**1032**-X) Von S. Fabke, 64 S., 43 Farb- und 1 s/w-Foto, Pappband. ●

Leicht und lecker
Nudelgerichte
Die besten Rezepte aus der 3 GLOCKEN-Feinschmecker-Küche.
(**0466**-4) Von Chr. Stephan, 80 S., 8 Farbtafeln, kartoniert. ●

Pasta in Höchstform **Nudeln**
(**0884**-8) Von M. Kirsch, 64 S., 62 Farbfotos, Pappband. ●

Kräftig klar und cremig zart **Feine Suppen**
(**1031**-1) Von H. Imhof, 64 S., 48 Farbfotos, Pappband. ●

Herzhaftes für Leib und Seele **Eintöpfe**
(**0820**-1) Von P. Klein, 48 S., 30 Farbfotos, Pappband. ●

Spezialitäten unter knuspriger Decke
Aufläufe
(**0882**-1) Von C. Adam, 48 S., 33 Farbfotos, Pappband. ●

In Hülle und Fülle **Pasteten und Terrinen**
(**0883**-X) Von M. Kirsch, 48 S., 62 Farbfotos, Pappband. ●

Die Krönung der feinen Küche **Saucen**
(**0817**-1) Von G. Cavestri, 48 S., 40 Farbfotos, Pappband. ●

Schlank und köstlich **Spargel**
(**1005**-2) Von M. Kirsch, 64 S., 44 Farbfotos, Pappband. ●

Von Aubergine bis Zucchini **Gemüse**
(**1061**-3) Von H. Cohrs, 64 S., 39 Farbfotos, Pappband. ●

Statt Breakfast und Lunch **Brunch**
(**1033**-8) Von C. Adam, 64 S., 49 Farbfotos, Pappband. ●

Die schönsten Rezepte für
Frühstück und Brunch
(**1063**-X) Von K. Kruse-Schorling, 80 S., 8 Farbtafeln, kart. ●

Mit Lust und Liebe
Kochen mit den Meistern
(**4445**-3) 176 S., 132 Farbfotos, 50 Graffiti, Pappband. ●●●●

Zaubern mit der schnellen Welle
Die neue Mikrowellenküche
(**4289**-2) Von F. Faist, 208 S., 188 Farbfotos, Pappband. ●●●

Schnell auf den Tisch gezaubert
Kochen mit Mikrowellen
(**0818**-X) Von A. Danner, 64 S., 52 Farbfotos, Pappband. ●

Knusprig braten und backen im
Mikrowellen-Kombigerät
(**0996**-X) Von T. Peters, 128 S., 108 Farbfotos, kartoniert. ●●

Leicht und vitaminreich
Vegetarische Mikrowellenküche
(**0995**-X) Von F. Faist, 118 S., 103 Farbfotos, kartoniert. ●●

Schnell und individuell
Mikrowellenküche für Singles
(**0997**-6) Von A. Görgens, 118 S., 103 Farbfotos, kartoniert. ●●

Vom ersten Versuch zum Menü
Mikrowellenküche leicht gemacht
(**0994**-1) Von T. Peters, 112 S., 96 Farbfotos, kartoniert. ●●

Zart gedünstet, schonend gegart
Fischgerichte aus der Mikrowellenküche
(**1092**-3) Von A. Ilies, 96 S., 106 Farbfotos, kartoniert. ●●

Köstliches ganz schnell gezaubert
Aufläufe aus der Mikrowellenküche
(**1093**-1) Von K. Kruse-Schorling, 96 S., 89 Farbfotos, kartoniert. ●●

Natürlich Kochen im
Mikrowellen-Römertopf
(**0947**-X) Von F. Faist, 96 S., 8 Farbtafeln, kartoniert. ●

Das neue Fritieren
geruchlos, schmackhaft und gesund.
(**0365**-X) Von P. Kühne, 88 S., 8 Farbtafeln, kart. ●

Goldbraun und knusprig
Fritierte Leckerbissen
(**0868**-6) Von F. Faist, 64 S., 47 Farbfotos, Pappband. ●

Schnell und gut gekocht
Die tollsten Rezepte für den Schnellkochtopf
(**0265**-3) Von J. Ley, 96 S., 8 Farbtafeln, kart. ●

Italienische Vorspeisen **Antipasti**
(**1006**-0) Von S. Reiter-Westphal, 64 S., 47 Farbfotos, Pappband. ●

Schlemmerreise durch die
Italienische Küche
(**4172**-1) Von V. Pifferi, 160 S., 109 Farbfotos, Pappband. ●●●

Schlemmen wie bei Mamma Maria
Pizzas
(**0815**-5) Von F. Faist, 64 S., 62 Farbfotos, Pappband. ●

Spaghetti, Tagliatelle + Co.
Pasta all'Italiana
(**1004**-4) Von I. Seyric, 64 S., 57 Farbfotos, Pappband. ●

Pikantes und Süßes mit französischem Charme **Bistro-Küche**
(**4428**-3) Von V. Müller, 160 S., 130 Farbfotos, Pappband. ●●●

Schlemmerreise durch die
Französische Küche
(**4296**-5) Von H. Imhof, 160 S., 147 Farbfotos, 3 s/w-Fotos, Pappband. ●●●

Schlemmerreise durch die
Chinesische Küche
(**4184**-5) Von K. H. Jen, 160 S., 117 Farbfotos, Pappband. ●●●

Verheißungsvoll fernöstlich
Spezialitäten aus dem Wok
(**0933**-X) Von K. H. Jen, 64 S., 56 Farbfotos, Pappband. ●

Mit Lust und Liebe **Chinesisch Kochen**
(**4441**-0) Von Ho Fu-Lung, Uli Franz, 176 S., 189 Farbfotos, 29 Zeichnungen, Pappband. ●●●●

Mehr Freude und Erfolg beim **Grillen**
(**4141**-1) Von A. Berliner, 160 S., 147 Farbfotos, 10 farbige Zeichnungen, Pappband. ●●●

Köstliches von Rost und Spieß **Grillen**
(**0931**-3) Von A. Kalcher-Dähn, H. K. Kalcher, 64 S., 43 Farbfotos, Pappband. ●

Rezepte rund um Raclette und Doppeldecker
(**0420**-6) Von J. W. Hochscheid, 72 S., 8 Farbtafeln, kart. ●

Schlemmen in geselliger Runde
Fleischfondues
(**0966**-6) Von M. Spötter, 64 S., 62 Farbfotos, Pappband. ●

Fondues und Raclettes
(**4253**-1) Von F. Faist, 160 S., 125 Farbfotos, Pappband. ●●●

Die hier vorgestellten Bücher, Videokassetten und Software sind in folgende Preisgruppen unterteilt:

● Preisgruppe bis DM 10,–/S 79,–/SFr 10,–
●● Preisgruppe über DM 10,– bis DM 20,– / S 80,– bis S 160,– / SFr 10,– bis SFr 20,–
●●● Preisgruppe über DM 20,– bis DM 30,– / S 161,– bis S 240,– / SFr 20,– bis SFr 29,–
●●●● Preisgruppe über DM 30,– bis DM 50,– / S 241,– bis S 400,– / SFr 29,– bis SFr 48,–
●●●●● Preisgruppe über DM 50,–/S 401,–/SFr 48,–
*(unverbindliche Preisempfehlung)

Die Preise entsprechen dem Status beim Druck dieses Verzeichnisses (s. Seite 1) – Änderungen, im besonderen der Preise, vorbehalten –

Falken-Verlag GmbH · Postfach 1120 FALKEN D-6272 Niedernhausen/Ts. · Tel.: 0 61 27/70 20

Schmelzendes Käsevergnügen **Raclette**
(**0881**-3) Von F. Faist, 48 S., 33 Farbfotos, Pappband. ●

Kulinarischer Feuerzauber **Flambieren**
(**4294**-9) Von R. Wesseler, 120 S., 100 Farbfotos, Pappband. ●●●

Das köstliche knackige Schlemmervergnügen **Salate**
(**4165**-9) Von V. Müller, 160 S., 80 Farbfotos, Pappband. ●●●

Gartenfrisch genießen
Feine Salate
(**4450**-X) Von P. Nikolay, 160 S., 122 Farbfotos, Pappband. ●●●

Köstliche Salate
zum Verwöhnen
(**0222**-X) Von Chr. Schönherr, 96 S., 8 Farbtafeln, 30 Zeichnungen, kartoniert. ●

Frisch und leicht als Hauptgericht
Schlemmersalate
(**0934**-8) Von C. Adam, 64 S., 49 Farbfotos, Pappband. ●

Köstlich frisch auf den Tisch
Rohkostsalate
(**0865**-1) Von C. Adam, 48 S., 26 Farbfotos, Pappband. ●

Raffiniert und gesund würzen
Kräuterküche
(**0869**-4) Von A. Görgens, 48 S., 43 Farbfotos, Pappband. ●

Miekes Kräuter- und Gewürzkochbuch
(**0323**-4) Von I. Persy, K. Mieke, 88 S., 4 Farbtafeln, kartoniert. ●

Joghurt, Quark, Käse und Butter
Schmackhaftes aus Milch hausgemacht.
(**0739**-6) Von M. Bustorf-Hirsch, 32 S., 59 Farbabb., Pappband. ●

Gesund und vielseitig **Alles mit Joghurt**
täglich selbstgemacht, mit vielen Rezepten.
(**0382**-6) Von G. Volz, 64 S., 8 Farbtafeln, kartoniert. ●

Locker, flockig, leicht...
Müsli & Co
(**0965**-8) Von C. Adam, 64 S., 42 Farbfotos, Pappband. ●

Bärenstark und kerngesund
Vollwertkost für Kinder
(**0968**-2) Von S. Reiter, 64 S., 44 Farbfotos, Pappband. ●

Gesunde Ernährung für mein Kind
(**0776**-6) Von M. Bustorf-Hirsch, 112 S., 8 Farbtafeln, 5 s/w-Zeichnungen, kart. ●

Das Getreidemühlenkochbuch
(**1017**-6) Von M. Bustorf-Hirsch, 112 S., 8 Farbtafeln, kartoniert. ●

Meine Vollkornküche
Herzhaftes von echtem Schrot und Korn
(**0858**-9) Von S. Walz, 96 S., 8 Farbtafeln, kartoniert. ●

Die verlockende Alternative
Süße Vollwertküche
(**0936**-4) Von A. Roßmeier, 64 S., 50 Farbfotos, Pappband. ●

Die gesunde Art, sich zu verwöhnen
Vollwertküche für Singles
(**0937**-2) Von A. Görgens, 64 S., 43 Farbfotos, Pappband. ●

Dinkel, Hirse, Roggenkorn...
Kerniges aus der Getreideküche
(**0932**-1) Von S. Frank, 64 S., 49 Farbfotos, Pappband. ●

Die feine Vollwertküche
(**4286**-8) Von M. Bustorf-Hirsch, 160 S., 83 Farbfotos, Pappband. ●●●

Mit Lust und Liebe...
Vollwertküche für Genießer
(**4412**-4) Von Prof. Dr. C. Leitzmann, H. Million, 256 S., 329 Farbfotos, Pappband. ●●●●

Die feine Vegetarische Küche
(**4235**-3) Von F. Faist, 160 S., 191 Farbfotos, Pappband. ●●●

Schmackhafte Vollwertkost ohne tierisches Eiweiß
(**0993**-3) Von M. Bustorf-Hirsch, 96 S., 54 Farbfotos, kartoniert. ●●

Cholesterinarm kochen und genießen
(**4442**-9) Von R. Unsorg, 168 S., 132 Farbfotos, kartoniert. ●●●

Die aktuelle **Cholesterintabelle**
(**1088**-5) Von Dr. H. Oberritter, 84 S., 12 zweifarbige Grafiken, kartoniert. ●

Die aktuelle Vitamin- und Mineralstofftabelle
Mit Angaben zu den wichtigsten Vitaminen und Mineralstoffen
(**1110**-5) Von Dr. H. Oberritter, 88 S., 1 zweifarbige Grafik, kart. ●

Vollwertküche für Diabetiker
Köstlich kochen und backen für die ganze Familie
(**4473**-9) Von Prof. Dr. C. Leitzmann, Prof. Dr. H. Laube, H. Million, 168 S., 172 Farbfotos, 8 Zeichnungen, Pappband. ●●●●

Kochen und backen für Diabetiker
Gesund und schmackhaft für die ganze Familie
(**4467**-4) Von Dr. med. M. Toeller, W. Schumacher, A. Groote, Dr. troph. A. Klischan, 176 S., 182 Farbfotos, Pappband. ●●●●

Würzig kochen ohne Salz
(**0922**-4) Von S. Roediger-Streubel, 160 S., 16 Farbtafeln, kart. ●●

Die Sojaküche
Gesund und abwechslungsreich essen
(**0894**-5) Von U. Kolster, 80 S., 8 Farbtafeln, kart. ●

Gesund kochen mit Keimen und Sprossen
(**0794**-9) Von M. Bustorf-Hirsch, 96 S., 4 Farbtafeln, 13 s/w-Zeichnungen, kart. ●

Keime und Sprossen in der Naturküche
(**4299**-X) Von M. Bustorf-Hirsch, 96 S., 144 Farbfotos, Pappband. ●●

Waffeln
Hörnchen, Pfannkuchen und Crèpes.
(**0522**-9) Von C. Stephan, 64 S., 8 Farbtafeln, kart. ●

Mehr Freude und Erfolg beim
Brotbacken
(**4148**-9) Von A. und G. Eckert, 160 S., 177 Farbfotos, Pappband. ●●●

Meine Vollkornbackstube
Brot · Kuchen · Aufläufe. (**0616**-0) Von R. Raffelt, 96 S., 4 Farbtafeln, 12 Zeichnungen, kartoniert. ●

Die feine Vollkornbackstube
(**4474**-7) Von M. Bustorf-Hirsch, 160 S., 128 Farbfotos, Pappband. ●●●

Mit Körnern, Zimt und Mandelkern
Vollkorngebäck
(**0816**-3) Von M. Bustorf-Hirsch, 48 S., 39 Farbfotos, Pappband. ●

Knusprig, kernig, urgesund **Vollkornbrot**
(**0938**-0) Von S. Reiter, 64 S., 46 Farbfotos, Pappband. ●

Weihnachtsbäckerei
Köstliche Plätzchen, Stollen, Honigkuchen und Festtagstorten.
(**0682**-9) Von M. Sauerborn, 32 S., 34 Farbfotos, Pappband. ●

Meine Weihnachtsbackstube
(**5163**-8) Von M. Sauerborn, 32 S., 23 Farbfotos, mit Vorlagebogen in Originalgröße, kart. ●

Süße Verführungen **Desserts**
(**0885**-6) Von M. Bacher, 64 S., 75 Farbfotos, Pappband. ●

Süße Geheimnisse eiskalt gelüftet
Eis und Sorbets
(**0870**-8) Von H. W. Liebheit, 48 S., 38 Farbfotos, Pappband. ●

Raffiniertes mit
Eis
Drinks/Desserts/Eissorten
(**1029**-X) Von F. Hoffmann, 64 S., 74 Farbfotos, Pappband. ●

Zart schmelzende Versuchungen
Schokolade
(**0819**-8) Von J. Schroer, 48 S., 53 Farbfotos, Pappband. ●

Haltbarmachen in der Öko-Küche
Gesunde Konservierungsmethoden für Obst, Gemüse, Kräuter und Pilze. (**0923**-2) Von M. Bustorf-Hirsch, 120 S., 92 Farbabb., kart. ●●

Komm, koch und back mit mir
Kunterbuntes Kochvergnügen für Kinder.
(**4285**-X) Von S. und H. Theilig, illustriert von B. v. Hayek, 112 S., 45 Farbabb., Pappband. ●●

Lirum, larum, Löffelstiel...
Kinder kochen mit Knuddel
(**1094**-X) Von U. Bültjer, 80 S., 27 zweifarbige Zeichnungen, kart. ●

Mit Lust und Liebe **Kalte Platten & Buffets**
Anrichten und Garnieren
(**4427**-5) Von P. Grotz, 176 S., 228 Farbfotos, Pappband. ●●●●

Garnieren und Verzieren
(**4236**-1) Von R. Biller, 160 S., 329 Farbfotos, 57 Zeichnungen, Pappband. ●●●

Köstlichkeiten für Gäste und Feste
Kalte Platten
(**4200**-0) Von I. Pfliegner, 160 S., 130 Farbfotos, Pappband. ●●●

Wenn Gäste kommen...
Kalte Küche
(**1060**-5) Von A. Ilies, 64 S., 49 Farbfotos, Pappband. ●

Raffiniert und vielseitig
Toasts und Sandwiches
(**1109**-1) Von R. und T. Donhauser, 64 S., 52 Farbfotos, Pappband. ●

Fein und raffiniert
Canapés und kleine Köstlichkeiten
(**0963**-1) Von H. Imhof, 64 S., 53 Farbfotos, Pappband. ●

Festlich kochen und backen
für Advent und Weihnachten
(**4443**-7) Von A. Guter, 96 S., 66 Farbfotos, 1 s/w-Foto, Pappband. ●●

Der perfekt gedeckte Tisch
(**1028**-1) Von H. Tapper, 80 S., 161 Farbfotos, 13 Zeichnungen, kartoniert. ●●

Der schön gedeckte Tisch
Vom einfachen Gedeck bis zur Festtafel stimmungsvoll und perfekt arrangiert.
(**4246**-1) Von H. Tapper, 112 S., 206 Farbfotos, 21 s/w-Abbildungen, Pappband. ●●●

Servietten falten
80 Ideen für schön gedeckte Tische
(**1042**-7) Von M. Müller, O. Mikolasek, 80 S., 289 Farbfotos, 50 Zeichnungen, kartoniert. ●●

Phantasievolle Tischdekorationen selber machen
(**0984**-4) Von Y. Thalheim, H. Nadolny, 80 S., 174 Farbfotos, 21 Zeichnungen, kart. ●●

Tischkarten dekorativ gestalten
aus allerlei Material für viele Anlässe
(**0946**-1) Von H. York, 32 S., 108 Farbfotos, Pappband. ●

Servietten dekorativ falten
Geschmackvolle Anregungen aus Stoff und Papier. (**0804**-X) Von H. Tapper, 32 S., 134 Farbfotos, Pappband. ●

Tee für Genießer
Sorten · Riten · Rezepte
(**0356**-0) Von M. Nicolin, 64 S., 4 Farbtafeln, kart. ●

Weine und Säfte, Liköre und Sekt
selbstgemacht.
(**0702**-7) Von P. Arauner, 232 S., 76 Abb., kart. ●●

Fruchtig, spritzig, eisgekühlt
Mixen ohne Alkohol
(**0935**-6) Von S. Späth, 64 S., 44 Farbfotos, Pappband. ●

Mit und ohne Alkohol
Longdrinks
(**1062**-1) Von S. Edelberg, 64 S., 47 Farbfotos, Pappband. ●

Cocktails
(**4267**-1) Von W. R. Hoffmann, W. Hubert, U. Lottring, 160 S., 164 Farbfotos, 1 s/w-Foto, Pappband. ●●●

Cocktails und Mixereien
für häusliche Feste und Feiern. (**0075**-8) Von J. Walker, 96 S., 4 Farbtafeln, kart. ●

Die besten Punsche, Grogs und Bowlen
(**0575**-X) Von F. Dingden, 64 S., 4 Farbt., kart. ●

SLIM
Der neue, individuelle Schlankheitsplan.
(**4277**-9) Von Prof. Dr. E. Menden, W. Aign, 120 S., 440 Farbfotos, Pappband. ●●●

Schlank werden nach Dr. Hay **Trennkost**
Die bewährten Vollwert-Rezepte von Ursula Summ. (**4298**-1) Von U. Summ, 96 S., 54 Farbfotos, 1 Zeichnung, kart. ●●

Gesund leben nach Dr. Hay
Cholesterinarme Trennkost
Neue Vollwert-Rezepte von Ursula Summ
(**4475**-5) Von U. Summ, 96 S., 52 Farbfotos, kart. ●●

Eßlust statt Diätfrust
Die Pfundskur
(**1102**-4) Von Prof. Dr. V. Pudel, 144 S., 8 s/w-Zeichnungen, 4 Vignetten, kartoniert. ●

Schlank nach Maß
mit der Diät-Computerwaage
(**1064**-8) Von K. Alisch, 104 S., 8 Farbtafeln, kart. ●

Gesundes Essen für Berufstätige
Die 4-Wochen-Vollwertkur
(**1065**-6) Von M. Weber, ca. 80 S., 8 Farbtafeln, kart. ●

Hobby und Freizeit

Falken-Handbuch
Zeichnen und Malen
(**4167**-5) Von B. Bagnall, 336 S., 1154 Farbabb., Pappband. ●●●●●

Punkt, Punkt, Komma, Strich
Zeichenstunde für Kinder
(**0564**-4) Von H. Witzig, 144 S., über 250 Zeichnungen, kart. ●

Einmal grad und einmal krumm
Zeichenstunde für Kinder
(**0599**-7) Von H. Witzig, 144 S., 363 Abb., kartoniert. ●

Figürliches Zeichnen
leicht gemacht
(**1010**-9) Von H. Witzig, 112 S., 462 Figuren, kartoniert. ●

Airbrush
Kreatives Gestalten mit dem Luftpinsel
(**1133**-4) Von C. M. Mette, 80 S., 145 Farbfotos, 40 Farbzeichnungen, kartoniert. ●●

Spielend zeichnen lernen mit den Montagsmalern
(**0974**-7) Von G. Lages, Sigi Harreis, 112 S., 326 s/w-Zeichnungen, kartoniert. ●●

Kalligraphie
Die Kunst des schönen Schreibens
(**4263**-9) Von C. Hartmann, 120 S., 44 Farbvorlagen, 29 s/w-Vorlagen, 2 s/w-Zeichnungen, 38 Farbfotos, Pappband. ●●●●

Gestalten mit Schrift
Kalligraphie
(**1044**-3) Von I. Schade, 80 S., 2 Farb- und 1 s/w Foto, 143 Farbzeichnungen, kartoniert. ●●

Aquarellmalerei leicht gelernt
Materialien · Techniken · Motive.
(**0787**-6) Von T. Hinz, R. Braun, B. Zeidler, 32 S., 38 Farbfotos, 1 Zeichn., Pappband. ●

Hobby Aquarellmalen
Landschaft und Stilleben.
(**0876**-7) Von I. Schade, A. Brück, 80 S., 111 Farbabb., kart. ●●

Hobby Ölmalerei
Landschaft und Stilleben.
(**0875**-9) Von H. Kämper, I. Becker, 80 S., 93 Farbabb., kart. ●●

Hobby Bauernmalerei
(**0436**-2) Von S. Ramos und J. Roszak, 80 S., 116 Farbfotos und 28 Motivvorlagen, kart. ●●

Seidenmalerei in Vollendung
(**4414**-3) Hrsg. von R. Smend, 160 S., 227 Farbfotos, 36 s/w-Fotos, geprägter Leineneinband mit Schutzumschlag, im Schuber, **DM 98,–**, S 784,–, SFr 94,10

Seidenmalerei und Modedesign
Modelle · Techniken · Schnittmuster
(**4476**-3) Von B. Hansen, 176 S., 140 Farbfotos, 93 Farb-, 68 s/w-Zeichnungen, Pappband. ●●●●

Seidenmalerei als Kunst und Hobby
(**4264**-7) Von S. Hahn, 136 S., Farbabb., 1 s/w-Foto, Pappband. ●●●●

Neue zauberhafte Seidenmalerei
Motive und Anregungen aus der Natur.
(**0924**-0) Von R. Henge, 80 S., 148 Farbfotos, 27 s/w-Zeichnungen, kart. ●●

Kunstvolle Seidenmalerei
Mit zauberhaften Ideen zum Nachgestalten
(**0783**-3) Von I. Demharter, 32 S., 56 Farbfotos, Pappband. ●

Aquarellieren auf Seide
Materialien · Techniken · Motive
(**0917**-8) Von I. Demharter, 32 S., 41 Farbfotos, Pappband. ●

Seidenmalerei Landschaften
(**5153**-0) Von D. Kosik, 32 S., 50 Farbfotos, 12 Zeichnungen, mit Vorlagebogen in Originalgröße, kart. ●

Seidenmalerei Kissen
(**5151**-4) Von I. Demharter, 32 S., 42 Farbfotos, 2 Zeichnungen, mit Vorlagebogen in Originalgröße, kart. ●

Seidenmalerei Blusen und T-Shirts
(**5184**-0) Von A. Keller, 32 S., 28 Farbfotos, 12 Zeichnungen, mit Vorlagebogen in Originalgröße, kartoniert. ●

Seidenmalerei Tücher und Schals
(**5152**-2) Von R. Henge, 32 S., 36 Farbfotos, 1 Zeichnung, mit Vorlagebogen in Originalgröße, kart. ●

Seidenmalerei Taschen und Gürtel
(**5194**-8) Von S. Tichy-Gibley, 32 S., 30 Farbfotos, 8 Farbzeichnungen, mit Vorlagebogen in Originalgröße, kartoniert. ●

Seidenmalerei Tiermotive
(**5204**-9) Von A. Keller, 32 S., 37 Farbfotos, mit Vorlagebogen in Originalgröße, kart. ●

Serti Designo
Seidenmalerei mit Kreidestiften
(**5208**-1) Von S. Tichy-Gibley, 32 S., 46 Farbfotos, mit Vorlagebogen in Originalgröße, kart. ●

Seidenmalerei Lampenschirme
(**5154**-9) Von I. Walter-Ammon, 32 S., 47 Farbfotos, 1 Zeichnung, mit Vorlagebogen in Originalgröße, kart. ●

Seidenmalerei Blüten, Blätter, Ranken
(**5165**-4) Von D. Kosik, 32 S., 35 Farbfotos, 4 Zeichnungen, mit Vorlagebogen in Originalgröße, kart. ●

Seidenmalerei Schmuckkarten und Miniaturbilder
(**5166**-2) Von I. Walter-Ammon, 32 S., 37 Farbfotos, 2 Zeichnungen, mit Vorlagebogen in Originalgröße, kart. ●

Seidenmalerei Bilder in Konturentechnik
(**5182**-4) Von I. Demharter, 32 S., 28 Farbfotos, 2 Zeichnungen, mit Vorlagebogen in Originalgröße, kartoniert. ●

Seidenmalerei Applikationen
(**5224**-3) Von J. Bressau, 32 S., 50 Farbfotos, mit Vorlagebogen in Originalgröße, kartoniert. ●

Falken-Handbuch
Häkeln
ABC der Häkeltechniken und Häkelmuster in ausführlichen Schritt-für-Schritt-Bildfolgen
(**4194**-2) Von H. Fuchs, M. Natter, 288 S., 597 Farbfotos, 476 Farbzeichnungen, Pappband. ●●●●

Das moderne Standardwerk von der Expertin
Perfekt Stricken
Mit Sonderteil Häkeln.
(**4250**-7) Von H. Jaacks, 256 S., 703 Farbfotos, 169 Farb- und 121 s/w-Zeichnungen, Pappband. ●●●

Hobby Patchwork und Quilten
(**0768**-X) Von B. Staub-Wachsmuth, 80 S., 108 Farbabb., 43 Zeichnungen, kart. ●●

Hobby Spitzencollagen
Bezaubernde Motive aus edlem Material
(**0847**-3) Von H. Westphal, 80 S., 186 Farbfotos, kart. ●●

Marionetten
selbst bauen und führen
(**1043**-5) Von D. Köhnen, 80 S., 150 Farbfotos, mit Schnittmusterbogen, kartoniert. ●●

Charakterpuppen
aus Cernit und Porzellan selbst gestalten
(**1156**-3) Von S. Becker, 64 S., 143 Farbfotos, 30 Zeichnungen, 13 Vignetten, mit Schnittmusterbogen, kartoniert. ●●

Puppen zum Liebhaben
(**5199**-9) Von B. Wehrle, 32 S., 27 Farbfotos, 9 s/w-Zeichnungen, mit Vorlagebogen in Originalgröße, kartoniert. ●

Teddybären
Sechs beliebte Modelle
(**5159**-X) Von Y. Thalheim, H. Nadolny, 32 S., 46 Farbfotos, 9 Zeichnungen, mit Vorlagebogen in Originalgröße, kart. ●

Heißgeliebte Teddybären
Selbermachen · Sammeln · Restaurieren.
(**0900**-3) Von H. Nadolny, Y. Thalheim, 80 S., 119 Farbfotos, 23 s/w-Zeichnungen, 14 S. Schnittmusterbogen, kart. ●●

Neue zauberhafte Salzteig-Ideen
(**0719**-1) Von I. Kiskalt, 80 S., 324 Farbfotos, 12 Zeichnungen, Schablonen, kart. ●●

Salzteig kinderleicht
(**0973**-9) Von I. Kiskalt, 80 S., 224 Farbfotos, 8 Zeichnungen, kart. ●●

Kreatives Gestalten mit Ton
Töpfern ohne Scheibe – Aufbaukeramik
(**0896**-1) Von A. Riedinger, 80 S., 207 Farbfotos, 16 Zeichnungen, 7 Vignetten, kart. ●●

Kreatives Gestalten mit Ton
Töpfern auf der Scheibe
(**0971**-2) Von A. Riedinger, 80 S., 28 Farb- und 3 s/w-Zeichnungen, 178 Farbfotos, kartoniert. ●●

Edles Porzellan
(**4437**-2) Von M. Lutze, Prof. E. Lessing, 160 S., 175 Farbfotos, Leineneinband, mit Schutzumschlag, im Schuber ●●●●●

Hobby Glaskunst in Tiffany-Technik
(**0781**-7) Von N. Köppel, 80 S., 194 Farbfotos, 6 s/w-Abb., kart. ●●

Tiffany-Lampen selbermachen
Arbeitsanleitung · Materialien · Modelle
(**0684**-5) Von I. Spliethoff, 32 S., 60 Farbfotos, 19 Zeichnungen, Pappband. ●

Fensterbilder in Tiffany-Technik
(**5168**-9) Von P. Matz, 32 S., 43 Farbfotos, mit Vorlagebogen in Originalgröße, kart. ●

Tiffany-Technik
und andere kunstvolle Arbeiten in Glas
(**0972**-0) Von D. Köhnen, 80 S., 176 Farbfotos, 5 s/w-Zeichnungen, kart. ●●

Tiffany-Gürtelschnallen
(**5160**-3) Von G. G. Scheib, R. Grella, 32 S., 52 Farbfotos, 1 Zeichnung, mit Vorlagebogen in Originalgröße, kart. ●

Modeschmuck mit Federn und Straß
(**5167**-0) Von J. Niemeier, 32 S., 41 Farbfotos, mit Vorlagebogen in Originalgröße, kart. ●

Modeschmuck selbst modellieren
(**5196**-4) Von K. Eichler, 32 S., 51 Farbfotos, mit Vorlagebogen in Originalgröße, kartoniert. ●

Modeschmuck in vielen Variationen
(**5180**-8) Von A. Hahn, 32 S., 39 Farbfotos, 3 Zeichnungen, mit Vorlagebogen in Originalgröße, kartoniert. ●

Effekt-Color
Phantasievolle Schmuck- und Deko-Ideen
(**5207**-3) Von A. Hahn, 32 S., 55 Farbfotos, mit Vorlagebogen in Originalgröße, kart. ●

Rocailles
Perlenschmuck
(**5209**-X) Von L. und E. Weiler, 32 S., 45 Farbfotos, 2 Zeichnungen, mit Vorlagebogen in Originalgröße, kart. ●

Perlenschmuck
(**5221**-9) Von H. Büderer, 32 S., 50 Farbfotos, mit Vorlagebogen in Originalgröße, kartoniert. ●

Exklusiver Modeschmuck
aus dem eigenen Atelier
(**0925**-9) Von J. Niemeier, J. Klein, 80 S., 141 Farbfotos, 25 Zeichnungen, kart. ●●

Masken
phantasievoll dekorieren
(**5155**-7) Von Chr. Familler, 32 S., 48 Farbfotos, mit Vorlagebogen in Originalgröße, kart. ●

Schwingtiere aus Holz gestalten
(**5222**-7) Von der Arbeitsgem. Werken, 32 S., 50 Farbfotos, mit Vorlagebogen in Originalgröße, kartoniert. ●

Hobby Drachen
bauen und steigen lassen. (**0767**-1) Von W. Schimmelpfennig, 80 S., 1 dreiseitige Ausklapptafel, 55 Farbfotos, 139 Zeichnungen, kart. ●●

Lenkdrachen
bauen und fliegen
(**1011**-7) Von W. Schimmelpfennig, 64 S., 51 Farbfotos und 126 Zeichnungen, kartoniert. ●●

Drachen
Einfache Modelle für Kinder
(**5156**-5) Von W. Schimmelpfennig, 32 S., 11 Farbfotos, 31 Zeichnungen, mit Vorlagebogen, kart. ●

Das große farbige
Bastelbuch für Kinder
(**4254**-X) Von U. Barff, I. Burkhardt, J. Maier, 224 S., 157 Farbfotos, 430 Farb- und 60 s/w-Zeichnungen, mit Schnittmusterbogen, Pappband. ●●●

Hobby Origami
Papierfalten für groß und klein
(**0756**-6) Von Z. Aytüre-Scheele, 80 S., 820 Farbfotos, kart. ●●

Neue zauberhafte Origami-Ideen
Papierfalten für groß und klein
(**0805**-8) Von Z. Aytüre-Scheele, 80 S., 720 Farbfotos, kart. ●●

Zauberwelt Origami
Tierfiguren aus Papier
(**1045**-1) Von Z. Aytüre-Scheele, 80 S., 660 Farbfotos, kartoniert. ●●

Pergamano
Pergamentpapier filigran gestalten
(**5202**-2) Von J. Allmann, 32 S., 51 Farbfotos, 5 Zeichnungen, mit Vorlagebogen in Originalgröße, kart. ●

Heut basteln wir mit Pappe und Papier
(**4413**-5) Von U. Barff, J. Maier, 224 S., 117 Farbfotos, 480 Farbzeichn., 25 s/w-Abb., mit Schnittmusterbogen, Pappband. ●●●

Das große farbige Bastel- und Werkbuch
(**4439**-9) Von D. Rex, 256 S., 999 Farbfotos, 33 Farbzeichnungen, Pappband. ●●●●

Mein liebstes Spiel- und Bastelbuch
Die Welt der Dinosaurier
Tiere und Landschaften zum Selbermachen
Ausbrechen, aufstellen, spielen
(**4478**-X) Von B. Burkart, 8 Blatt mit herauslösbaren Motiven, 280-g-Karton mit Stanzung, 8 S. Bastelanleitung und Sachinformation. ●●

Mein liebstes Spiel- und Bastelbuch
Leben auf dem Bauernhof
Tiere und Motive zum Selbermachen
Ausbrechen, aufstellen, spielen
(**4479**-8) Von K. Lausche, 8 Blatt mit herauslösbaren Motiven, 280-g-Karton mit Stanzung, 8 S. Bastelanleitung und Sachinformation. ●●

Schritt für Schritt zum Scherenschnitt
Materialien · Techniken · Gestaltungsvorschläge. (**0732**-9) Von H. Klingmüller, 32 S., 38 Farbfotos, 34 Vorlagen, Pappband. ●

Fensterbilder in Scherenschnitt
(**5169**-7) Von A. Hahn, 32 S., 52 Farbfotos, 3 s/w-Fotos, mit Vorlagebogen in Originalgröße, kart. ●

Fensterbilder
Meine Lieblingstiere
(**5197**-2) Von Y. Thalheim, H. Nadolny, 32 S., 38 Farbfotos, mit Vorlagebogen in Originalgröße, kartoniert. ●

Fensterbilder Lustige Tiere
(**5210**-3) Von F. Michalski, 32 S., 47 Farbfotos, mit Vorlagebogen in Originalgröße, kart. ●

Die schönsten Fensterbilder
(**1066**-4) Von C. Kimmerle, 64 S., 100 Farbfotos, 7 Zeichnungen, kartoniert. ●●

Perfekte Fensterbilder
(**4470**-4) Von S. Haenitsch-Weiß, A. Weiß, 8 vierfarbige Bogen 280-g-Karton mit Stanzung + 16 S. zweifarbige Ein/Anleitung. ●●

Märchenhafte Fensterbilder
(**5185**-9) Von J. Maier, 32 S., 37 Farbfotos, mit Vorlagebogen in Originalgröße, kart. ●

Fensterbilder Blumen und Tiere
(**5186**-7) Von M. Twachtmann, 32 S., 41 Farbfotos, 3 Zeichnungen, mit Vorlagebogen in Originalgröße, kartoniert. ●

Papierflieger
(**5157**-3) Von T. Gött, 32 S., 73 Farbfotos, 19 Zeichnungen, mit Vorlagebogen in Originalgröße, kart. ●

Laternen und Lampions
(**5206**-5) Von C. Hüfner, 32 S., 60 Farbfotos, mit Vorlagebogen in Originalgröße, kart. ●

Mobiles aus Papier
(**5183**-2) Von J. Maier, 32 S., 17 Farbfotos, 35 Farbzeichnungen, mit Vorlagebogen in Originalgröße, kartoniert. ●

Schachteln basteln und dekorieren
(**5170**-0) Von Chr. Adjano, 32 S., 55 Farbfotos, mit Vorlagebogen in Originalgröße, kart. ●

Die große Schachtelparade
(**4438**-0) Von Present Team, 16 vierfarbige Bogen 250-g-Karton mit Schachtelstanzung mit 4 S. Einleitung. ●●●

Deco Art
Die Kunst, Geschenke zu verpacken
(**0949**-6) Von B. Niermann, 80 S., 78 Farbfotos, 191 Zeichnungen, kart. ●●

Geschenke wunderschön verpacken
(**1113**-X) Von P. Jansen, 80 S., 79 Farbfotos, 166 Farbzeichnungen, kart. ●●

Geldgeschenke · Gutscheine · Geschenkanhänger
originell gestalten und verpacken
(**1115**-6) Von S. Haenitsch-Weiß, A. Weiß, 80 S., 176 Farbfotos, kart. ●●

Geschenke verpacken für Kinderfeste
(**5195**-6) Von C. Netolitzky, 32 S., 43 Farbfotos, mit Vorlagebogen in Originalgröße, kartoniert. ●

Bunte Dekorationen für den Kindergeburtstag
Mit Spielanleitung zum Fest der Tiere
(**4471**-2) Von S. Haenitsch-Weiß, A. Weiß, 8 vierfarbige Bogen 280-g-Karton mit Stanzung + 16 S. zweifarbige Ein/Anleitung. ●●

Originelles Ambiente für Gäste
Festdekorationen
(**1049**-4) Von B. Niermann, 80 S., 125 Farbfotos, 59 Farbzeichn., kartoniert. ●●

Dekorative Schleifen
aus Bändern und Papier
(**5205**-7) Von M. Schorege, 32 S., 28 Farbfotos, 31 Farbzeichnungen, mit Vorlagebogen in Originalgröße, kart. ●●

Dekorieren und Arrangieren mit
Seidenblumen
(**5200**-6) Von M. L. Spang, 32 S., 37 Farbfotos, 14 Farbzeichnungen, mit Vorlagebogen in Originalgröße, kartoniert. ●

Glückwunschkarten
(**5179**-4) Von A. Kolb, B. Michel, 32 S., 54 Farbfotos, mit Vorlagebogen in Originalgröße, kartoniert. ●

Schmuck- und Glückwunschkarten
Papierarchitektur · Collagen · Faltschnittkarten
(**1114**-8) Von C. Sanladerer, 64 S., 55 Farbfotos, 31 Zeichnungen, kart. ●●

Altes Brauchtum neu entdeckt
Schmuck-Eier
Kunstvoll gestalten und verzieren.
(**0919**-4) Von I. Kiskalt, 32 S., 45 Farbfotos, 3 s/w-Zeichnungen, Pappband. ●

Ostereier originell dekorieren
(**5219**-7) Von W. Velte, 32 S., 44 Farbfotos, mit Vorlagebogen in Originalgröße, kartoniert. ●

Dekorationen für Ostern
(**5198**-0) Von Y. Thalheim, H. Nadolny, 32 S., 48 Farbfotos, mit Vorlagebogen in Originalgröße, kartoniert. ●

Basteln für Ostern
(**5164**-6) Von Chr. Adjano, 32 S., 47 Farbfotos, mit Vorlagebogen in Originalgröße, kartoniert. ●

Tischdekorationen für Ostern
(**5220**-0) Von Chr. Adjano, 32 S., 49 Farbfotos, mit Vorlagebogen in Originalgröße, kartoniert. ●

Weihnachtsgeschenke schön verpacken
Schachteln · Dekorationen · Geschenkpapiere
(**4469**-0) Von Present Team, 10 vierfarbige Bogen 250-g-Karton mit Stanzung, 4 Bogen Geschenkpapier + 4 S. Einleitung. ●●●

Basteln und dekorieren für
Advent und Weihnachten
(**4446**-1) Von G. Teusen, C. Netolitzky, 176 S., 285 Farbfotos, mit Bastelvorlagebogen, Pappband. ●●●

Basteln für Weihnachten
(**5162**-X) Von Chr. Adjano, 32 S., 44 Farbfotos, mit Vorlagebogen in Originalgröße, kartoniert. ●

Fensterdekorationen für die Weihnachtszeit
(**5181**-6) Von Y. Thalheim, H. Nadolny, 32 S., 33 Farbfotos, mit Vorlagebogen in Originalgröße, kartoniert. ●

Fensterbilder für Advent und Weihnachten
(**5211**-1) Von M. Schorege, 32 S., 24 Farbfotos, 15 Zeichnungen, mit Vorlagebogen in Originalgröße, kartoniert. ●

Adventskränze und weihnachtliche Gestecke
(**5203**-0) Von Y. Thalheim, H. Nadolny, 32 S., 43 Farbfotos, mit Vorlagebogen in Originalgröße, kartoniert. ●

Adventskalender
(**5178**-6) Von Y. Thalheim, H. Nadolny, 32 S., 35 Farbfotos, mit Vorlagebogen in Originalgröße, kartoniert. ●

Weihnachtsbasteleien
Advents- und Weihnachtsschmuck für groß und klein
(**0667**-5) Von M. Kühnle und S. Beck, 32 S., 56 Farbfotos, 6 Zeichnungen, Pappband. ●

Trockenblumenideen
Gewürzsträuße, Gestecke, Kränze, Buketts
(**0643**-8) Von R. Strobel-Schulze, 88 S., 170 Farbfotos, kartoniert. ●●

Neue zauberhafte Trockenblumen-Ideen
(**0821**-X) Von R. Strobel-Schulze, 80 S., 163 Farbfotos, kart. ●●

Phantasievolles Schminken
Verzauberte Gesichter für Maskeraden, Laienspiele und Kinderfeste
(**0907**-0) Hrsg.: H. u. Y. Nadolny, 64 S., 227 Farbfotos, kartoniert. ●●

Schminken für Kinder
(**5177**-8) Von Y. Thalheim, H. Nadolny, 32 S., 68 Farbfotos, mit Vorlagebogen in Originalgröße, kartoniert. ●

Moderne Fotopraxis
(**4401**-1) Von G. Koshofer, Prof. H. Wedewardt, 224 S., 363 Farbfotos, 106 s/w-Fotos, 5 Farb- und 24 s/w-Zeichnungen, Pappband. ●●●

Mach dir ein Bild
Praxistips für Foto, Film und Video
(**4410**-0) Von G. Staab, 208 S., 202 Farbfotos, 175 s/w-Fotos, 1 Zeichnung, Pappband. ●●●

So macht man bessere Fotos
(**1158**-X) Von G. Koshofer, 144 S., 259 Farbfotos, 25 s/w-Fotos, kartoniert. ●●

Aktfotografie
Interpretationen zu einem unerschöpflichen Thema. Gestaltung · Technik · Spezialeffekte.
(**0737**-X) Von H. Wedewardt, 88 S., 144 Farb- und 6 s/w-Fotos, 6 Zeichnungen, kart. ●●

Videografieren
Filmen mit Video 8. Technik – Bildgestaltung – Schnitt – Vertonung.
(**0843**-0) Von M. Wild, K. Möller, 120 S., 101 Farbfotos, 22 s/w-Fotos, 52 Zeichnungen, kart. ●●●

Videografieren perfekt
Profitricks für Aufnahmetechnik und Nachbearbeitung
(**0969**-0) Von W. Schild, 120 S., 144 Farbabb., 5 s/w-Zeichnungen, kart. ●●●

Do it yourself und Technik

Do it yourself
Kleinmöbel aus Holz
(**0905**-4) Von O. Maier, 128 S., 210 Farbfotos, 80 Zeichnungen, kart. ●●

Do it yourself
Sanitärinstallationen
(**1118**-0) Von W. Kawlath, 96 S., 214 Farbabbildungen, kartoniert. ●●

Do it yourself
Metall bearbeiten
(**1119**-9) Von O. Maier, 96 S., 230 Farbfotos, 6 s/w-Zeichnungen, kartoniert. ●●

Do it yourself
Elektroarbeiten
(**0975**-5) Von K. H. Schubert, 120 S., 193 Farbfotos, 40 Zeichnungen, kartoniert. ●●

Do it yourself
Fahrrad-Reparaturen
(**0796**-5) Von R. van der Plas, 112 S., 140 Farbfotos, 113 farbige Zeichnungen, kartoniert. ●●

Möbel
aufarbeiten, reparieren, pflegen
(**0386**-2) Von E. Schnaus-Lorey, 96 S., 28 Fotos, 101 Zeichnungen, kartoniert. ●

Restaurieren von Möbeln
Stilkunde, Materialien, Techniken, Arbeitsanleitungen in Bildfolgen.
(**4120**-9) Von E. Schnaus-Lorey, 152 S., 37 Farbfotos, 75 s/w-Fotos, 352 Zeichnungen, Pappband. ●●●●

FALKEN-Heimwerker-Praxis
Mofa- und Moped-Reparaturen
(**1008**-7) Von T. Kohlmey, 128 S., 280 Farbabbildg. und Zeichnungen, kartoniert. ●●

Elektronik als Hobby
Von der Grundlagenschaltung zum integrierten Schaltkreis
Mit 8 wichtigen Universalplatinen
(**4293**-0) Von W. Priesterath, 264 S., 80 s/w-Fotos, 128 Zeichnungen, Pappband. ●●●

Anlagenbau in Modultechnik
für Modelleisenbahnen und Dioramen.
(**0845**-7) Von J. Thal, 104 S., 68 Farbfotos, 28 Zeichnungen, kartoniert. ●●●

Kleine Welt auf Rädern
Das faszinierende Spiel mit **Modelleisenbahnen** (**4175**-6) Von F. Eisen, 256 S., 72 Farb- und 180 s/w-Fotos, 25 Zeichnungen, Pappband. ●●●

Die Super-Sportwagen der Welt
(**4423**-2) Von H. G. Isenberg, 194 S., 184 Farbfotos, 4 farbige Ausklapptafeln, 32 s/w-Fotos, Pappband. ●●●●

Die Super-Oldtimer der Welt
(**4465**-8) Von H. G. Isenberg, 194 S., 161 Farb- und 36 s/w-Fotos, 4 Ausklapptafeln, Pappband. ●●●●

Die Super-Trucks der Welt
(**4257**-4) Von H. G. Isenberg, 194 S., 205 Farbfotos, 87 s/w-Fotos, 7 Farbzeichnungen, 4 farb. Ausklapptafeln, Pappband. ●●●●

Die Super-Motorräder der Welt
(**4193**-4) Von H. G. Isenberg, 192 S., 170 Farb- und 100 s/w-Fotos, 8 Zeichnungen, Pappband. ●●●●

Die Super-Eisenbahnen der Welt
(**4287**-6) Von W. Kosak, H. G. Isenberg, 224 S., 269 Farbfotos, 79 s/w-Fotos, 8 Vignetten, 5 farb. Ausklapptafeln, Pappband. ●●●●

Die Super-Dampfloks der Welt
(**4480**-1) Von H. Faust, H. G. Isenberg, 194 S., 193 Farbfotos, mit vier Ausklapptafeln, Pappband. ●●●●

Plastikmodellbau
Autos, Schiffe, Flugzeuge in vollendeter Technik.
(**1116**-4) Von W. Kawlath, 96 S., 272 Farbabbildungen, kartoniert. ●●

Sport und Fitneß

Neue Lehrmethoden der Judo-Praxis
(**0424**-9) Von P. Herrmann, 223 S., 475 Abb., kartoniert. ●●

Fit mit Judo
(**2319**-7) Von K. Fuchs, 112 S., 193 Farbfotos, kartoniert. ●●

Fußwürfe
für Judo, Karate und Selbstverteidigung.
(**0439**-7) Von H. Nishioka, übers. von H. J. Heese, 96 S., 260 Abb., kart. ●●

Modernes Karate
Das große Standardwerk mit 2279 Abbildungen.
(**4280**-9) Von T. Okazaki, Dr. med. M.V. Stricevic, übers. von M. Pabst, 376 S., 2279 s/w-Abb., Pappband. ●●●●●

Nakayamas Karate perfekt 1
Einführung.
(**0487**-7) Von M. Nakayama, 136 S., 605 s/w-Fotos, kart. ●●

Nakayamas Karate perfekt 2
Grundtechniken.
(**0512**-1) Von M. Nakayama, 136 S., 354 s/w-Fotos, 53 Zeichnungen, kart. ●●

Nakayamas Karate perfekt 3
Kumite 1: Kampfübungen.
(**0538**-5) Von M. Nakayama, 128 S., 424 s/w-Fotos, kart. ●●

Nakayamas Karate perfekt 4
Kumite 2: Kampfübungen.
(**0547**-4) Von M. Nakayama, 128 S., 394 s/w-Fotos, kart. ●●

Nakayamas Karate perfekt 5
Kata 1: Heian, Tekki.
(**0571**-7) Von M. Nakayama, 144 S., 1229 s/w-Fotos, kart. ●●

Nakayamas Karate perfekt 6
Kata 2: Bassai-Dai, Kanku-Dai.
(**0600**-4) Von M. Nakayama, 144 S., 1300 s/w-Fotos, 107 Zeichnungen, kart. ●●

Nakayamas Karate perfekt 7
Kata 3: Jitte, Hangetsu, Empi.
(**0618**-7) Von M. Nakayama, 144 S., 1988 s/w-Fotos, 105 Zeichnungen, kart. ●●

Nakayamas Karate perfekt 8
Gankaku, Jion. (**0650**-0) Von M. Nakayama, 144 S., 1174 s/w-Fotos, 99 Zeichnungen, kart. ●●

Fit mit Karate
(**2308**-1) Von A. Pflüger, 96 S., 134 Farbfotos, 4 s/w-Zeichnungen, kart. ●●

25 Shotokan-Katas
Auf einen Blick: Karate-Katas für Prüfungen und Wettkämpfe.
(**0859**-7) Von A. Pflüger, 88 S., 185 s/w-Abb., 24 ganzseitige Tafeln mit über 1.600 Einzelschritten, kart. ●●

Bo-Karate
Habo-Jitsu – die Techniken des Stockkampfes.
(**0447**-8) Von G. Stiebler, 176 S., 424 s/w-Fotos, 38 Zeichnungen, kart. ●●

Karate 1
Einführung · Grundtechniken.
(**0227**-0) Von A. Pflüger, 144 S., 195 s/w-Fotos, 120 Zeichnungen, kart. ●

Karate 2
Kombinationstechniken · Katas.
(**0239**-4) Von A. Pflüger, 176 S., 452 s/w-Fotos und Zeichnungen, kart. ●

Karate Kata 1
Heian 1–5, Tekki 1, Bassai Dai.
(**0683**-7) Von W.-D. Wichmann, 164 S., 703 s/w-Fotos, kart. ●●

Karate Kata 2
Jion, Empi, Kanku-Dai, Hangetsu.
(**0723**-X) Von W.-D. Wichmann, 140 S., 661 s/w-Fotos, 4 Zeichnungen, kart. ●●

Karate Kata 3
Bassai Sho, Kanku Sho, Nijushiho, Sochin
(**1120**-2) Von W.-D. Wichmann, 144 S., 598 s/w-Fotos, 4 Grafiken, kart. ●●

Der König des Kung Fu
Bruce Lee
Sein Leben und Kampf
Von seiner Frau Linda
(**0392**-7) Von Linda Lee, 136 S., 104 s/w-Fotos, kartoniert. ●●

Bruce Lees Kampfstil 1
Grundtechniken.
(**0473**-7) Von B. Lee, M. Uyehara, 109 S., 220 Abb., kart. ●

Bruce Lees Kampfstil 2
Selbstverteidigungs-Techniken.
(**0486**-9) Von B. Lee, M. Uyehara, 128 S., 310 Abb., kart. ●

Bruce Lees Kampfstil 3
Trainingslehre.
(**0503**-2) Von B. Lee, M. Uyehara, 112 S., 246 Abb., kart. ●

Bruce Lees Kampfstil 4
Kampftechniken.
(**0523**-7) Von B. Lee, M. Uyehara, 104 S., 211 Abb., kart. ●

Kung-Fu 1
Legende · Philosophie · Grundtechniken
(**0891**-0) Von Chr. Yim, 152 S., 401 s/w-Fotos, 2 s/w-Zeichnungen, kart. ●●

Kung-Fu und Tai-Chi
Grundlagen und Bewegungsabläufe
(**0367**-6) Von B. Tegner, 182 S., 370 s/w-Fotos, kart. ●●

Kung Fu
Theorie und Praxis klassischer und moderner Stile
(**0376**-5) Von M. Pabst, 160 S., 330 Abbildungen, kartoniert. ●●

Bruce Lees Jeet Kune Do
(**0440**-0) Von B. Lee, 192 S., mit 105 eigenhändigen Zeichnungen von B. Lee, kart. ●●

Shaolin-Kempo – Kung-Fu
Chinesisches Karate im Drachenstil.
(**0395**-1) Von R. Czerni, K. Konrad, 246 S., 723 Abb., kart. ●●

Kickboxen
Fitneßtraining und Wettkampfsport.
(**0795**-7) Von G. Lemmens, 96 S., 208 s/w-Fotos, 23 Zeichnungen, kart. ●●

Ninja 1
Die Lehre der Schattenkämpfer.
(**0758**-2) Von S.K. Hayes, übers. von J. Schmit, 144 S., 137 s/w-Fotos, kart. ●●

Ninja 2
Die Wege zum Shoshin.
(**0763**-9) Von S.K. Hayes, übers. von J. Schmit, 160 S., 309 s/w-Fotos, 2 Zeichnungen, kart. ●●

Ninja 3
Der Pfad des Togakure-Kämpfers.
(**0764**-7) Von S.K. Hayes, übers. von J. Schmit, 144 S., 197 s/w-Fotos, 2 Zeichnungen, kart. ●●

Ninja 4
Das Vermächtnis der Schattenkämpfer.
(**0807**-4) Von S.K. Hayes, übers. von J. Schmit, 196 S., 466 s/w-Fotos, kart. ●●

Taekwondo perfekt 1
Die Formenschule bis zum Blaugurt.
(**0890**-2) Von K. Gil, Kim Chul-Hwan, 176 S., 439 s/w-Fotos, 107 Zeichnungen, kart. ●●

Taekwondo perfekt 2
Die Formenschule vom Blau- bis zum Schwarzgurt
(**0976**-3) Von K. Gil, K. Chul-Hwan, 192 S., 461 s/w-Fotos, 112 Zeichnungen, kart. ●●

Taekwondo perfekt 3
(**1068**-0) Von K. Gil, K. Chul-Hwan, 200 S., 429 s/w-Fotos, kartoniert. ●●

Taekwondo
Koreanischer Kampfsport
(**0347**-1) Von K. Gil, 152 S., 408 Abbildungen, kartoniert. ●●

Ju-Jutsu als Wettkampf
(**0826**-0) Von G. Kulot, 168 S., 418 s/w-Fotos, 2 Zeichnungen, kart. ●●

Ju-Jutsu 1
Grundtechniken · Moderne Selbstverteidigung.
(**0276**-9) Von W. Heim, F.J. Gresch, 164 S., 450 s/w-Fotos, 8 Zeichn., kart. ●

Ju-Jutsu 2
für Fortgeschrittene und Meister.
(**0378**-1) Von W. Heim, F.J. Gresch, 160 S., 798 s/w-Fotos, kart. ●●

Ju-Jutsu 3
Spezial-, Gegen- und Weiterführungs-Techniken · Stockkampfkunst.
(**0485**-0) Von W. Heim, F.J. Gresch, 200 S., über 600 s/w-Fotos, kart. ●●

Aikido
Lehren und Techniken des harmonischen Weges.
(**0537**-7) Von R. Brand, 280 S., 697 Abb., kart. ●●

Hap Ki Do
Koreanische Selbstverteidigung nach dem Lehrsystem des Großmeisters.
(**0379**-X) Von Kim Sou Bong, 112 S., 152 Abb., kart. ●●

Dynamische Tritte
Grundlagen für den Zweikampf. (**0438**-9) Von C. Lee, 96 S., 398 s/w-Fotos, 10 Zeichnungen, kart. ●●

Selbstverteidigung
Abwehrtechniken für Sie und Ihn.
(**0853**-8) Von E. Deser, 96 S., 259 s/w-Fotos, kart. ●

Die Faszination athletischer Körper
Bodybuilding
mit Weltmeister Ralf Möller.
(**4281**-7) Von R. Möller, 128 S., 169 Farbfotos, 14 s/w-Fotos, 1 Farbzeichnung, Pappband. ●●●●

Ladyfitneß
Das neue Körperbewußtsein der Frau
Bodyshaping · Körperpflege · Ernährung · Entspannung
(**4433**-X) Von Prof. Dr. S. Starischka, B. Grabis, D. von Cramm, G.W. Kienitz, 128 S., 227 Farbfotos, Pappband. ●●●

Bodybuilding für Frauen
Wege zu Ihrer Idealfigur
(**0661**-6) Von H. Schulz, 112 S., 84 s/w-Fotos, 4 Zeichnungen, kart. ●

Fit mit Bodybuilding
(**2314**-6) Von L. Spitz, 112 S., 203 Farbabbildungen, 10 Tabellen. ●●

Bodybuilding
Anleitung zum Muskel- und Konditionstraining für sie und ihn
(**0604**-7) Von R. Smolana, 160 S., 171 s/w-Fotos, kartoniert. ●●

Leistungsfähiger durch Krafttraining
Eine Anleitung für Fitness-Sportler, Trainer und Athleten.
(**0617**-9) Von W. Kieser, 96 S., 20 s/w-Fotos, 62 Zeichnungen, kart. ●

Hanteltraining zu Hause
(**0800**-7) Von W. Kieser, 80 S., 71 s/w-Fotos, 4 Zeichnungen, kartoniert. ●

Fit und gesund
Fitneßtraining und Bodybuilding zu Hause. Trainingsprogramme für Ihr Wohlbefinden.
(**0782**-5) Von Prof. Dr. S. Starischka, 80 S., 100 Farbfotos, 3 Zeichnungen, kart. ●●

Optimale Ernährung
für Krafttraining und Bodybuilding.
(**0912**-7) Von B. Dahmen, 88 S., 8 Farbtafeln, 8 Zeichnungen, kart. ●

Fit mit Bio-Training
für Kraft, Ausdauer und Schnelligkeit.
(**2310**-3) Von L. Spitz, 112 S., 197 Farbfotos, 11 Farb- und 4 s/w-Zeichnungen, kart. ●●

Gesund und fit durch **Konditionstraining und Wirbelsäulengymnastik**
(**0844**-9) Von R. Milser und K. Grafe, 104 S., 99 Farbfotos, 12 Farbzeichnungen, 5 s/w-Zeichnungen, kart. ●●

Fit mit Tai Chi
als sanfte Körpererfahrung
(**2305**-7) Von B. u. K. Moegling, 112 S., 121 Farbfotos, 6 Farb-u. 4 s/w-Zeichnungen, kart. ●●

Isometrisches Training
Übungen für Muskelkraft und Entspannung.
(**0529**-6) Von L. M. Kirsch, 104 S., 150 s/w-Fotos, kart. ●●

Stretching
Mit Dehnungsgymnastik zu Entspannung, Geschmeidigkeit und Wohlbefinden.
(**0717**-5) Von H. Schulz, 80 S., 90 s/w-Fotos, kart. ●

Fit mit Stretching
(**2304**-9) Von B. Kurz, 96 S., 255 Farbfotos, kart. ●●

Gesund und fit durch Gymnastik
(**0366**-8) Von H. Pilss-Samek, 88 S., 130 Abb., kart. ●

Fit und frisch
Gymnastik für die ganze Familie
(**6501**-9) Von G. Sieber, 104 S., 306 Farbfotos, 5 Farbzeichnungen, kart., mit Audiokassette, Laufzeit 30 Min. ●●●

Fit mit Laufen
(**2315**-4) Von W. Sonntag, 96 S., 60 Farbfotos, 8 Farbzeichnungen, kart. ●●

Spaß am Laufen
Jogging für die Gesundheit
(**0470**-2) Von W. Sonntag, 140 S., 41 s/w-Fotos, 1 Zeichnung, kartoniert. ●

ZDF Sportjahrbuch 90
Rekorde · Siege · Schicksale · Ergebnisse
Die Höhepunkte der Fußball-WM
(**4481**-X) Hrsg. von Bernd Heller, 208 S., 245 Farbfotos und Tabellen, kart. ●●●

Skateboard
Material · Technik · Fahrpraxis
(**1104**-0) Von F. Böhm, M. Rieger, 96 S., 321 Farbabbildungen, kartoniert. ●●●

Fit mit Sportschießen
(**2312**-X) Von H. Gabelmann, 96 S., 44 Farbabbildungen, 3 s/w-Fotos, 19 s/w-Zeichnungen, kart. ●●

Fechten
Florett · Degen · Säbel.
(**0449**-4) Von E. Beck, 88 S., 185 Fotos, 10 Zeichnungen, kart. ●●

Fit mit Sportabzeichen
(**2307**-3) Von G. Hennige, 104 S., 107 Farbfotos, kart. ●●

Volleyball
Technik · Taktik · Regeln.
(**0351**-X) Von H. Huhle. 104 S., 330 Abb., kart. ●

Fit mit Volleyball
(**2302**-2) Von Dr. A. Scherer, 104 S., 27 Farb- und 1 s/w-Foto, 12 Farb- und 29 s/w-Zeichnungen, kart. ●●

Fit mit Fußball
(**2309**-X) Von H. Obermann, P. Walz, 112 S., 47 Farbfotos, 18 Farb- und 25 s/w-Zeichnungen, kart. ●●

Sepp Maier
Super-Torwart-Training
(**4451**-8) Von S. Maier, 168 S., 30 Farb- und 34 s/w-Fotos, 236 zweifarbige Zeichnungen, Pappband. ●●●

Fußball-Jahrbuch 90
Mit großem Sonderteil Fußball-WM
(**4489**-5) Hrsg. von H. Faßbender, 208 S., 310 Farbfotos und Tabellen, kart. ●●●

SportRegeln Fußball
Die offiziellen Regeln
Wissenswertes von A bis Z
(**1096**-6) 104 S., 36 s/w-Fotos, 27 Zeichnungen, kart. ●

Handball
Technik · Taktik · Regeln.
(**0426**-5) Von F. und P. Hattig, 128 S., 91 s/w-Fotos, 121 Zeichnungen, kart. ●●

Handball
Grundlagen für Training und Spiel
(**2321**-9) Von H.-P. Oppermann, 120 S., 39 Farbtafeln, 12 s/w-Fotos, 108 Farbzeichnungen, kartoniert. ●●

SportRegeln Handball
Die offiziellen Regeln
Wissenswertes von A bis Z
(**1099**-6) 88 S., 32 s/w-Fotos, 14 Zeichnungen, kart. ●

Tennis
Technik · Taktik · Regeln.
(**0375**-7) Von W. u. S. Taferner, 112 S., 81 Abb., kart. ●

SportRegeln Tennis
Die offiziellen Regeln
Wissenswertes von A bis Z
(**1097**-4) 88 S., 24 s/w-Fotos, 6 Zeichnungen, kart. ●

Tischtennis-Technik
Der individuelle Weg zu erfolgreichem Spiel.
(**0775**-2) Von M. Perger, 144 S., 296 Abb., kart. ●●

Badminton
Technik · Taktik · Training.
(**0699**-3) Von K. Fuchs, L. Sologub, 168 S., 51 Abb., kart. ●●

Fit mit Squash
(**2311**-1) Von P. Langhammer, R. Michna, 96 S., 86 Farbfotos, 13 Farbzeichn., kart. ●●

Squash
Ausrüstung · Technik · Regeln
(**0539**-3) Von D. von Horn, H.-D. Stünitz, 96 S., 55 s/w-Fotos, 25 Zeichnungen, kart. ●

SportRegeln Squash
Die offiziellen Regeln
Wissenswertes von A bis Z
(**1100**-8) 64 S., 11 s/w-Fotos, 23 Zeichnungen, kart. ●

Golf
Ausrüstung und Technik.
(**0343**-9) Von J. C. Jessop, übersetzt von H. Biemer, mit einem Vorwort von H. Krings, Präsident des Deutschen Golf-Verbandes, 96 S., 57 Abb., Anhang Golfregeln des DGV, kart. ●●

Eishockey
Lauf- und Stocktechnik, Körperspiel, Taktik, Ausrüstung und Regeln. (**0414**-1) Von J. Capla, 264 S., 548 s/w-Fotos, 163 Zeichnungen, kart. ●●

Pool-Billard
(**0484**-2) Herausgegeben vom Deutschen Pool-Billard-Bund. Von M. Bach, K.-W. Kühn, 104 S., 64 Abb., kart. ●

Tanzstunde
Das Welttanzprogramm leicht gelernt
(**4409**-2) Von G. Hädrich, 164 S., 489 s/w-Fotos, 63 Zeichnungen, Pappband. ●●●

Tanzen
(**2303**-0) Von K. Richter, H. Kleinow, 96 S., 102 Farbfotos, kart. ●●

Wir lernen Tanzen
(**0200**-9) Von E. Fern, 152 S., 119 s/w-Fotos, 47 Zeichnungen, kartoniert. ●●

Dancing
Moderne Discotänze: mit Mambo und Salsa
(**0977**-1) Von B. und F. Weber, 96 S., 207 s/w-Fotos, kart. ●●

Dirty Dancing
Step by Step leicht gelernt
(**0992**-5) Von D. Glück, G. Teusen, 80 S., 140 Farbfotos, kart. ●●

Anmutig und fit durch
Bauchtanz
(**0911**-9) Von Marta, 120 S., 229 Farbfotos, 6 s/w-Zeichnungen, kart. ●●

Sporttauchen
Theorie und Praxis des Gerätetauchens
(**0647**-0) Von S. Müßig, 144 S., 8 Farbtafeln, 35 s/w-Fotos, 89 Zeichnungen, kart. ●●

Fit mit Sporttauchen
(**2320**-0) Von Dr. F. Naglschmid, 112 S., 71 Farbfotos, 21 Zeichnungen, kart. ●●

Angelfischerei von Aal bis Zander
Fische · Geräte · Technik.
(**0324**-2) Von H. Oppel, 72 S., 16 Farbtafeln, 49 s/w-Abb., kart., ●●

Angeln
Kleine Fibel für den Sportfischer.
(**0198**-3) Von E. Bondick, 80 S., 4 Farbtafeln, 116 Abb., kart. ●

Fit mit
Surfen
(**2317**-3) Von H. Mönster, K.-H. Eden, B. Bohr, 104 S., 110 Farbfotos, 23 s/w-Zeichnungen, kartoniert. ●●

TELESKI
Skigymnastik perfekt
(**1037**-0) Von M. Vorderwülbecke, G. Kern, 120 S., 220 Farbfotos, 16 farbige Grafiken, 19 Farbzeichnungen, kartoniert. ●●

Fibel für Kegelfreunde
Sport- und Freizeitkegeln · Bowling
(**0191**-6) Von G. Bocsai, 72 S., 62 Abb., kart. ●

Fit mit Kegeln
(**2301**-4) Von G. Gromann, 96 S., 51 Farbfotos, 50 Farb- und 4 s/w-Zeichnungen, kart. ●●

111 spannende Kegelspiele
(**2031**-7) Von H. Regulski, 80 S., 53 Zeichnungen, kart. ●

Beliebte und neue
Kegelspiele
(**0271**-8) Von H. Regulski, 92 S., 62 Abbildungen, kartoniert. ●

Schach

Einführung in das Schachspiel
(**0104**-5) Von W. Wollenschläger und K. Colditz, 112 S., 116 Diagramme, kart. ●

Schach, das königliche Spiel
Von den Grundzügen zum strategischen Spiel.
(**1105**-9) Von T. Schuster, 192 S., 302 Diagramme, kart. ●●

Spielend Schach lernen
(**2002**-3) Von T. Schuster, 96 S., kartoniert. ●

Kinder- und Jugendschach
Offizielles Lehrbuch des Deutschen Schachbundes zur Erringung der Bauern-, Turm- und Königsdiplome.
(**0561**-X) Von B. J. Withuis, H. Pfleger, 144 S., 220 Zeichnungen und Diagramme, kart. ●●

Zug um Zug
Schach für jedermann 1
Offizielles Lehrbuch des Deutschen Schachbundes zur Erringung des Bauerndiploms.
(**0648**-9) Von H. Pfleger, E. Kurz, 80 S., 24 s/w-Fotos, 8 Zeichn., 60 Diagramme, kart. ●

Zug um Zug
Schach für jedermann 2
Offizielles Lehrbuch des Deutschen Schachbundes zur Erringung des Turmdiploms.
(**0659**-4) Von H. Pfleger, E. Kurz, 128 S., 7 s/w-Fotos, 13 Zeichnungen, 78 Diagramme, kart. ●

Zug um Zug
Schach für jedermann 3
Offizielles Lehrbuch des Deutschen Schachbundes zur Erringung des Königdiploms.
(**0728**-0) Von H. Pfleger, G. Treppner, 128 S., 4 s/w-Fotos, 84 Diagramme, 10 Zeichnungen, kart. ●●

Schach für Fortgeschrittene
Taktik und Probleme des Schachspiels
(**0219**-X) Von R. Teschner, 88 S., 85 Diagramme, kart. ●

Neue Schacheröffnungen
(**0478**-8) Von T. Schuster, 104 S., 100 Diagramme, kart. ●

Klassische Schacheröffnungen
(**1086**-9) Von T. Schuster, 144 S., zahlr. Diagramme, kart. ●●

Najdorf für Turnierspieler
Theorie und Praxis eines komplexen Eröffnungssystems. (**1121**-0) Von Dr. J. Nunn, 304 S., 202 Diagramme, kart. ●●●

Lehr-, Übungs- und Testbuch der
Schachkombinationen
(**0649**-7) Von K. Colditz, 184 S., 227 Diagramme, kartoniert. ●●

Erfolgreiche Schachlehre
Eröffnungs- und Mittelspielstrategie
(**0991**-7) Von D. Bronstein, 254 S., 201 Diagramme, Pappband. ●

Spaß am Kombinieren
(**1057**-5) Von A. Pötzsch, 192 S., 365 Diagramme, Pappband. ●●

Erfolgreich angreifen
Der Königsflügel im Visier
(**1058**-3) Von J. Neistadt, 192 S., 183 Diagramme, Pappband. ●●

Erfolgreich angreifen
Der Damenflügel und das Zentrum im Visier
(**1123**-7) Von J. Neistadt, 172 S., 163 Diagramme, Pappband. ●●

Sizilianisch siegen
durch die Kunst der Verteidigung
(**0990**-2) Von M. Taimanow, 160 S., 124 Diagramme, Pappband. ●●

Schach dem König
333 Kurzpartien unter 30 Zügen
(**1124**-5) Von A. Roismann, 272 S., 222 Diagramme, Pappband. ●●

Schnelle Schachsiege
Das meisterliche Gambitspiel
(**1038**-9) Von S. Samarian, 28 S., 125 Diagramme, kartoniert. ●●

Offizielles Lehrbuch des Deutschen Schachbundes
Das systematische Schachtraining
Trainingsmethoden, Strategien und Kombinationen.
(**0857**-0) Von Sergiu Samarian, 152 S., 159 Diagramme, 1 Zeichnung, kartoniert. ●●

Taktische Schachendspiele
(**0752**-3) Von J. Nunn, 208 S., 152 Diagramme, kart. ●●

Schachstrategie
Ein Intensivkurs mit Übungen und ausführlichen Lösungen.
(**0584**-9) Von A. Koblenz, dt. Bearb. von K. Colditz, 212 S., 240 Diagramme, kart. ●●

Schachtraining mit den Großmeistern
(**0670**-5) Von H. Bouwmeester, 128 S., 90 Diagramme, kart. ●●

So denkt ein Schachmeister
Strategische und taktische Analysen.
(**0915**-1) Von H. Pfleger, G. Treppner, 120 S., 75 Diagramme, kart. ●●

Schach als Kampf
Meine Spiele und mein Weg.
(**0729**-9) Von G. Kasparow, 144 S., 95 Diagramme, 9 s/w-Fotos, kart. ●●

Kasparows Schacheröffnungen
(**1021**-4) Von O. Borik, 136 S., 16 s/w-Fotos, kartoniert. ●●

Schach-WM 1990
Kasparow-Karpow
(**1122**-9) Von O. Borik, Dr. H. Pfleger, 136 S., zahlreiche Diagramme, kartoniert. ●●

Mensch und Gesundheit

Der moderne Ratgeber
Wir werden Eltern
Schwangerschaft · Geburt · Erziehung des Kleinkindes.
(**4269**-8) Von B. Nees-Delaval, 376 S., 335 2-farbige Abb., Pappband. ●●●●

Wenn Sie ein Kind bekommen
(**4003**-2) Von U. Klamroth, Dr. med. H. Oster, 240 S., 86 s/w-Fotos, 30 Zeichnungen, kartoniert. ●●●

Wenn der Mensch zum Vater wird
Ein heiter-besinnlicher Ratgeber
(**4259**-0) Von D. Zimmer, 160 S., 20 Zeichnungen, Pappband. ●●●

Vorbereitung auf die Geburt und
Schwangerschaftsgymnastik
Atmung, Rückbildungsgymnastik.
(**0251**-3) Von S. Buchholz, 112 S., 98 s/w-Fotos, kartoniert. ●

Die Kunst des Stillens
nach neuesten Erkenntnissen (**0701**-9) Von Prof. Dr. med. E. Schmidt, S. Brunn, 112 S., 20 Fotos und Zeichnungen, kart. ●

Das Babybuch
Pflege · Ernährung · Entwicklung
(**0531**-8) Von A. Burkert, 96 S., 76 zweifbg. Zeichnungen, 22 s/w-Zeichnungen, kart. ●●

Babyfitneß
Massage, Spiele, Gymnastik und Schwimmen für Kinder im 1. Lebensjahr
(**1034**-6) Von G. Zeiß, 112 S., 179 zweifarbige Illustrationen, kartoniert. ●●

Wenn Kinder krank werden
Medizinischer Ratgeber für Eltern
(**4240**-X) Von Dr. med. I. J. Chasnoff, B. Nees-Delaval, 232 S., 163 Zeichnungen, Pappband. ●●●

Keinen Mann um jeden Preis
Das neue Selbstverständnis der Frau in der Partnerbeziehung
(**4440**-2) Von Shere Hite, Kate Colleran, 208 S., Pappband. ●●●

Total verknallt ... und keine Ahnung?
Alles über Liebe, Sex und Zärtlichkeit
(**1024**-9) Von H. Bruckner, R. Rathgeber, 104 S., 38 Abbildungen, kartoniert. ●●

Sinnliche Liebe
Sex und Partnerschaft
(**4436**-4) Von Dr. A. Stanway, 160 S., 60 vierfarbige Illustrationen, Pappband. ●●●●

Streicheleinheiten für Körper und Seele
Partnermassage
(**4444**-5) Von Chr. Unseld-Baumanns, 136 S., 145 Farbfotos, Pappband. ●●●●

Bildatlas des menschlichen Körpers
(**4177**-2) Von G. Pogliani, V. Vannini, 112 S., 402 Farbabb., 28 s/w-Fotos, Pappband. ●●●

Nahrungsmittelallergien
So ernähren Sie sich richtig!
(**0913**-5) Von Priv.-Doz. Dr. med. Dr. med. habil. J. von Mayenburg, Prof. Dr. med. Dr. phil. S. Borelli, E. Polster, 136 S., kart. ●●

Arteriosklerose
Risikofaktoren/Vorbeugung/Therapie
Richtige Ernährung bei erhöhtem Cholesterinspiegel.
(**1020**-6) Von Prof. Dr. med. G. Assmann, Dr. troph. U. Wahrburg, 192 S., 84 farb. Abb., 4 s/w-Zeichnungen, kartoniert. ●●●

Asthma
Pseudokrupp, Bronchitis und Lungenemphysem
Krankheitsbilder · Diagnose · Therapie
(**1126**-1) Von Prof. Dr. med. W. Schmidt, S. Ertelt, 152 Seiten, 110 zweifarbige Zeichnungen, kartoniert. ●●●

Asthma
Pseudokrupp, Bronchitis und Lungenemphysem. (**0778**-7) Von Prof. Dr. med. W. Schmidt, 120 S., 56 Zeichnungen, kart. ●

Gallenleiden
Krankheitsbilder, Behandlung, Therapieverfahren, Selbstbehandlung. Richtige Lebensführung und Ernährung.
(**0673**-X) Von Dr. med. K. Steffens, 104 S., 34 Zeichnungen, kartoniert. ●

Diabetes
Krankheitsbild, Therapie, Kontrollen, Schwangerschaft, Sport, Urlaub, Alltagsprobleme. Neueste Erkenntnisse der Diabetesforschung. (**0895**-3) Von Dr. med. H. J. Krönke, 120 S., 4 Farbtafeln, 14 s/w-Fotos, 13 s/w-Zeichnungen, kartoniert. ●

Krampfadern
Ursachen, Vorbeugung, Selbstbehandlung, Therapieverfahren. (**0727**-2) Von Dr. med. K. Steffens, 112 S., 38 Abb., kartoniert. ●

Das moderne Hausbuch der Naturheilkunde
Neueste Erkenntnisse der Ganzheitsmedizin von Akupressur bis Zelltherapie.
(**4403**-8) Von G. Leibold, 448 S., 263 Farbzeichn., 15 s/w-Fotos, Pappband. ●●●●●

Naturkosmetik
Die Grundlagen gesunder und natürlicher Hautpflege.
(**1080**-X) Von N. E. Haas, 120 S., 63 Farbabb., kartoniert. ●●

Die sanfte Art des Heilens
Homöopathie
Praktische Anwendung und Arzneimittellehre
(**4418**-X) Von J. H. P. Kreuter, 216 S., 49 Zeichnungen, Pappband. ●●●

Aromatherapie
Gesundheit und Entspannung durch ätherische Öle.
(**1131**-8) Von K. Schutt, 96 S., 40 zweifarbige Abbildungen, kartoniert. ●●

Heilatmen
Ein Weg zu Lebenskraft und innerer Harmonie
(**1047**-8) Von K. Schutt, 112 S., 57 zweifarbige Abb., kartoniert. ●●●

Wetterfühligkeit
Vorbeugen und behandeln
Der Einfluß von Wetter und Klima auf Körper und Psyche.
(**0998**-4) Von Dipl.-Met. H. Trenkle, fachl. Beratung Prof. Dr. V. Faust, 120 S., 8 Farbtafeln, 31 zweifarbige Abbildungen und Tabellen, kartoniert. ●●

Bewährte Naturheilverfahren bei
Herz-Kreislauf-Erkrankungen
(**1084**-2) Von Dr. med. O. Wolff, G. Leibold, 104 S., kartoniert. ●

Krebsangst und Krebs behandeln
Mit einem Vorwort von Prof. Dr. med. Friedrich Douwes.
(**0839**-2) Von G. Leibold, 104 S., kartoniert. ●

Bewährte Naturheilverfahren bei
Krebs
(**1082**-6) Hrsg. H.-R. Heiligtag, 88 S., kartoniert. ●

Heilen mit Blütenenergien
nach Dr. Bach
(**1141**-5) Von J. Wenzel, ca. 96 S., kart. ●

Bewährte Naturheilverfahren bei
Migräne und Schlafstörungen
(**1081**-8) Von G. Leibold, Dr. med. H. Chr. Scheiner, 112 S., kartoniert. ●

Gesunder Schlaf
Schlafstörungen ohne Medikamente erfolgreich behandeln.
(**1036**-2) Von D. H. Alke, 88 S., 22 s/w-Abb., mit Audiokassette, kartoniert. ●●●

Natürliche Behandlungsmethoden bei
Rückenschmerzen
Massage · Gymnastik · Entspannung
(**4447**-X) Von Prof. Dr. med. H. Hess, K. Eder, H.-J. Montag, K. Schutt, 152 S., 168 Farbabbildungen, Pappband. ●●●

Bewährte Naturheilverfahren bei
Rückenschmerzen
mit Spezialthema Alta-Major-Methode
(**1140**-7) Von G. Leibold, ca. 96 S., kart. ●

Rheuma behandeln und lindern
Mit einem Vorwort von Dr. med. Max-Otto Bruker.
(**0836**-8) Von G. Leibold, 96 S., kartoniert. ●

Besser sehen durch Augentraining
Ein Gesundheitsprogramm zur Verbesserung des Sehvermögens.
(**0914**-3) Von K. Schutt, B. Rumpler, 96 S., 32 s/w-Zeichnungen, kartoniert. ●

Allergien behandeln und lindern
Mit einem Vorwort von Prof. Dr. med. Axel Stemmann.
(**0840**-6) Von G. Leibold, 96 S., 4 Zeichnungen, kartoniert. ●

Enzyme
Vitalstoffe für die Gesundheit
(**0677**-2) Von G. Leibold, 96 S., kartoniert. ●

Kneippkuren zu Hause
(**0779**-5) Von G. Leibold, 112 S., 25 Zeichnungen, kartoniert. ●

Besser leben durch Fasten
(**0841**-4) Von G. Leibold, 96 S., kartoniert. ●

Die echte Schroth-Kur
(**0797**-3) Von Dr. med. R. Schroth, 88 S., 2 s/w-Fotos, kartoniert. ●

Massagetechniken und Heilanzeigen
Reflexzonentherapie
(**4404**-6) Von G. Leibold, 128 S., 53 Farbzeichnungen, Pappband. ●●●

Akupressur zur Eigenbehandlung
(**0417**-6) Von G. Leibold, 112 S., 78 Abb., kartoniert. ●

Chinesische Punktmassage
Akupressur
(**4419**-4) Von F.T. Lie, 192 S., 332 zweifarbige Abb., Pappband. ●●●●

Shiatsu-Massage
Harmonisierung der Energieströme im Körper
(**0615**-2) Von G. Leibold, 196 S., 180 Abb., kartoniert. ●●●

Fußsohlenmassage
Heilanzeigen · Technik · Selbsthilfe
(**0714**-0) Von G. Leibold, 96 S., 38 Zeichnungen, kartoniert. ●

ıtspannung und Schmerzlinderung durch
assage
750-7) Von B. Rumpler, K. Schutt, 112 S., 6 zweifarbige Zeichnungen, kart. ●

ntspannung
834-1) Von Dr. med. Chr. Schenk, 88 S., 9 Zeichnungen, kart. ●

'folg und Lebensfreude durch
utogenes Training und Psycho-ybernetik
035-4) Von D. H. Alke, 80 S., 2 s/w-Zeich-ıngen, mit Audiokassette, kartoniert. ●●●

ypnose und Autosuggestion
ıethoden · Heilwirkungen · praktische Bei-ɔiele. (0483-4) Von G. Leibold, 120 S., Illustrationen, kart. ●

hinesisches Schattenboxen
ai-Ji-Quan
ır geistige und körperliche Harmonie
850-3) Von F.T. Lie, 120 S., 221 s/w-Fotos, s/w-Zeichnungen, Beilage: 1 s/w-Poster mit ahlreichen Abbildungen, kart. ●●

oga
Jeg zur Harmonie
417-8) Von A. Harf, W. von Rohr, 176 S., 71 Farbfotos, 12 s/w-Zeichnungen, Papp-and. ●●●●

oga gegen Haltungsschäden und ückenschmerzen
0394-3) Von A. Raab, 104 S., 215 Abb., artoniert. ●

eue Rezepte für **Diabetiker-Diät**
ollwertig · abwechslungsreich · kalorien-ırm.
0418-4) Von M. Oehlrich, 96 S., 8 Farb-afeln, kartoniert. ●

iät bei Herzkrankheiten und Bluthoch-ruck
ezeptteil von B. Zöllner.
3202-1) Von Prof. Dr. med. H. Rottka, 92 S., Farbtafeln, kartoniert. ●●

iät bei Erkrankungen der Nieren, Harn-vege und bei Dialysebehandlung
ezeptteil von B. Zöllner.
3203-X) Von Prof. Dr. med. Dr. h. c. H. J. arre und Prof. Dr. med. R. Kluthe, 96 S., 33 arbfotos, 1 s/w-Zeichnung, kartoniert. ●●

ichtige Ernährung wenn man älter wird
ezeptteil von B. Zöllner.
3204-8) Von Prof. Dr. med. H.-J. Pusch, 6 S., 36 Farbfotos und 3 s/w-Zeichnungen, artoniert. ●●

iät bei Darmkrankheiten
urchfall · Divertikulose, Reizdarm und armträgheit · einheimische Sprue (Zöllakie) Disaccharidasemangel · Dünndarmresek-on · Dumping Syndrom, Rezeptteil von B. öllner. (3211-0) Von Prof. Dr. med. G. Stroh-ıeyer, 88 S., 4 Farbtafeln, kartoniert. ●●

iät bei Gicht und Harnsäuresteinen
ezeptteil von B. Zöllner.
3205-6) Von Prof. Dr. med. N. Zöllner, 12 S., 35 Farbtafeln, kartoniert. ●●

iät bei Zuckerkrankheit
ezeptteil von B. Zöllner. (3206-4) Von Prof. r. med. P. Dieterle, 112 S., 42 Farbfotos, vierfarbige Vignetten, 1 s/w-Zeichnung, artoniert. ●●

iät bei Störungen des Fettstoffwechsels nd zur Vorbeugung der Arteriosklerose
ezeptteil von B. Zöllner.
3208-0) Von Prof. Dr. med. G. Wolfram, 04 S., 32 Farbfotos, kartoniert. ●●

allaststoffreiche Kost bei Funktions-törungen des Darms
ezeptteil von B. Zöllner.
3212-9) Von Prof. Dr. med. H. Kasper, 96 S., 4 Farbfotos, 1 s/w-Foto, kart. ●●

Diät bei Krankheiten des Magens und Zwölffingerdarms
Rezeptteil von B. Zöllner.
(**3201**-3) Von Prof. Dr. med. H. Kaess, 96 S., 35 Farbfotos, 1 s/w-Zeichnung, kartoniert. ●●

Diät bei Krankheiten der Gallenblase, Leber und Bauchspeicheldrüse
Rezeptteil von B. Zöllner.
(**3207**-2) Von Prof. Dr. med. H. Kasper, 88 S., 35 Farbfotos, 1 s/w-Zeichnung, kart. ●●

Diät bei Übergewicht
Rezeptteil von B. Zöllner.
(**3209**-9) Von Prof. Dr. med. Ch. Keller, 104 S., 42 Farbfotos, 3 s/w-Zeichnungen, kart. ●●

Garten und Tiere

Garten heute
Der moderne Ratgeber · Über 1000 Farbbilder. (**4283**-3) Von H. Jantra, 384 S., über 1000 Farbabb., Pappband. ●●●●

Helmut Jantras Gartenbuch
Obst · Gemüse · Blumen
(**4522**-0) Von H. Jantra, 200 S., 395 Farbfotos, 123 Farbzeichnungen, 25 Tabellen, Pappband. ●●

1000 ganz bewährte Garten-Tips
(**4453**-4) Von H. Jantra, 320 S., 288 zweifarbige und 62 s/w-Zeichnungen, Pappband. ●●●

Obst, Gemüse, Blumen, Gras
Gärtnern macht den Kindern Spaß
(**4517**-4) Von U. Krüger, 96 S., 85 Farbfotos, 180 Farbzeichnungen, Pappband. ●●

Rosen
Auswahl · Pflege · Gestaltung
(**1183**-0) Von H. Jantra, 120 S., 200 Farbfotos, 20 Farbzeichnungen, 8 Bepflanzungspläne, kartoniert. ●●

Erfolgstips für den Obstgarten
Gesunde Früchte durch richtige Sortenwahl und Pflege.
(**0827**-9) Von F. Mühl, 184 S., 16 Farbtafeln, 33 Zeichnungen, kartoniert. ●●

Erfolgstips für den Gemüsegarten
Mit naturgemäßem Anbau zu höherem Ertrag. (**0674**-8) Von F. Mühl, 80 S., 30 s/w-Fotos, 4 Zeichnungen, kartoniert. ●

Mischkultur im Nutzgarten
Mit Jahreskalender und Anbauplänen.
(**0651**-9) Von H. Oppel, 112 S., 8 Farbtafeln, 23 s/w-Fotos, 29 Zeichnungen, kart. ●

Obstgehölze sachgemäß schneiden
(**1127**-X) Von P. G. Wilhelm, ca. 128 S., ca. 50 zweifarbige und 200 s/w-Zeichnungen, kartoniert. ●●

Erfolgstips für den Ziergarten
Schmuckpflanzen und Rasen richtig pflegen.
(**0930**-5) Von F. Mühl, 156 S., 12 Farbtafeln, 26 s/w-Zeichnungen, kartoniert. ●●

Erfolgreich gärtnern mit
Frühbeet und Folie
(**0828**-7) Von Dr. Gustav Schoser, 88 S., 8 Farbtafeln, 46 s/w-Fotos, kartoniert. ●

Gesunde Zierpflanzen im Garten
Krankheiten erkennen und behandeln. Mit neuem Diagnose-System.
(**4429**-1) Von Prof. Dr. G. Stelzer, 208 S., 456 Farbfotos, 5 s/w- und 5 Farbzeichnungen, Pappband. ●●●●

Erfolgreich gärtnern
durch naturgemäßen Anbau
(**4252**-3) Von I. Gabriel, 416 S., 176 Farbfotos, 212 Farbzeichnungen, Pappband. ●●●

Aktion Garten ohne Gift
Gesunde Umwelt durch natürlichen Pflanzenschutz.
Ein Praxis-Handbuch von E. Hoplitschek u. B. M. Tegethoff. (**4425**-9) 176 S., 250 Farbfotos, 35 Farb- und 29 s/w-Zeichn., Pappband. ●●●●

Neuanlage eines Biogartens
Planung, Bodenvorbereitung, Gestaltung
(**0721**-3) Von I. Gabriel, 128 S., 73 Farbfotos, 39 Zeichnungen, kartoniert. ●●

Gesunde Pflanzen im Biogarten
Biologische Maßnahmen bei Schädlingsbefall und Pflanzenkrankheiten.
(**0707**-8) Von I. Gabriel, 128 S., 126 Farbfotos, kartoniert. ●●

Obst und Beeren im Biogarten
Gesunde und schmackhafte Früchte durch natürlichen Anbau. (**0780**-9) Von I. Gabriel, 128 S., 109 Farbabb., kartoniert. ●●

Gemüse im Biogarten
Gesunde Ernte durch natürlichen Anbau
(**0830**-9) Von I. Gabriel, 128 S., 26 Farbfotos, 86 Farbzeichnungen, kartoniert. ●●

Kräuter und Heilpflanzen im Biogarten
Gesunde Ernte durch natürlichen Anbau
(**0929**-1) Von I. Gabriel, 112 S., 63 Farbfotos, 19 Farbzeichnungen, kartoniert. ●●

Der biologische Zier- und Wohngarten
Planen, Vorbereiten, Bepflanzen und Pflegen
(**0748**-5) Von I. Gabriel, 128 S., 72 Farbfotos, 46 Farbzeichnungen, kartoniert. ●●

Kosmische Einflüsse auf unsere Gartenpflanzen
Sterne beeinflussen Wachstum und Gesundheit der Pflanzen. (**0708**-6) Von I. Gabriel, 112 S., 100 Farbabb., kartoniert. ●●

Natürlich gärtnern unter Glas und Folie
Anbauen und ernten rund ums Jahr
(**0722**-1) Von I. Gabriel, 128 S., 62 Farbfotos, 45 Farbzeichnungen, kartoniert. ●●

Dekorative Kübelpflanzen
Auswahl und Pflege
(**1074**-5) Von H. Jantra, 112 S., 180 Farbfotos, 35 Farbzeichnungen, kartoniert. ●●

Blütenpracht auf Balkon und Terrasse
(**0928**-3) Von M. Haberer, 88 S., 139 Farbfotos, kartoniert. ●●

Gemüse, Kräuter, Obst aus dem Balkongarten
Erfolgreich ernten auf kleinstem Raum
(**0694**-2) Von S. Stein, 32 S., 34 Farbfotos, 6 Zeichnungen, Spiralbindung, kart. ●

Gestaltungsideen für
Schöne Gärten
(**4482**-8) Von H. Jantra, 168 S., 309 Farbfotos, 3 s/w-Fotos, Pappband. ●●●●●

Kleingärten
Planen · Anlegen · Pflegen
(**1015**-X) Von H. Jantra, 88 S., 123 Farbfotos, 1 s/w-Foto, 14 Farbzeichnungen, kart. ●●

Reihenhausgärten
Planen · Anlegen · Pflegen
(**1016**-8) Von H. Jantra, 104 S., 134 Farbfotos, 45 Farbzeichnungen, kart. ●●

Steingärten Wirkungsvoll gestalten und sachgerecht pflegen
(**4452**-6) Von A. Throll-Keller, 128 S., 203 Farbfotos, 56 Farbzeichnungen, Pappband. ●●●●

Gartenteiche, Tümpel und Weiher
naturnah anlegen und pflegen
(**1073**-7) Von Dr. F. Liedl, H. Goos, 80 S., 87 Farbfotos, 39 Farbzeichnungen, kart. ●●

Wasser im Garten
Von der Vogeltränke zum Naturteich · Natürliche Lebensräume selbst gestalten.
(**4230**-2) Von H. Hendel, P. Keßeler, 240 S., 315 Farbabb., 11 s/w-Fotos, Pappband. ●●●●●

Mein kleiner Gartenteich
planen – anlegen – pflegen
(**0851**-1) Von I. Polascheck, 144 S., 108 Farbabb., 6 s/w-Zeichnungen, kart. ●●

Pflanzen und Tiere für den Gartenteich
(**1171**-7) Von W. Costa, 128 S., 169 Farbfotos, 40 Farbzeichnungen, 8 Bepflanzungspläne, kartoniert. ●●

Häuser in lebendigem Grün
Fassaden und Dächer mit Pflanzen gestalten
(**0846**-5) Von U. Mehl, K. Werk, 88 S., 116 Farbfotos, 4 Farb- und 17 s/w-Zeichnungen, kartoniert. ●●

Wintergärten
Das Erlebnis, mit der Natur zu wohnen. Planen, Bauen und Gestalten.
(**4256**-6) Von LOG ID, 136 S., 130 Farbfotos, 107 Zeichnungen, Pappband. ●●●●

Rund ums Jahr erfolgreich gärtnern
Gewächshäuser
planen · bauen · einrichten · nutzen
(**4408**-9) Von Dr. G. Schoser, J. Wolff, 232 S., 368 Farbabb., 5 s/w-Fotos, Pappband. ●●●●●

Ziergräser
Über 100 Arten erfolgreich kultivieren
(**0829**-5) Von H. Jantra, 104 S., 73 Farbfotos, 6 Farbzeichnungen, kartoniert. ●●

Das moderne Handbuch **Zimmerpflanzen**
(**4416**-X) Von H. Jantra, 304 S., 766 Farbfotos, 64 Farb- und 19 s/w-Zeichnungen, Pappband. ●●●●

365 Erfolgstips für schöne Zimmerpflanzen
(**0893**-7) Von H. Jantra, 144 S., 215 Farbfotos, kartoniert. ●●

Dekorative Blattpflanzen
Auswahl und Pflege
(**1128**-8) Von H. Jantra, 128 S., 198 Farbfotos, 20 Farbzeichnungen, kartoniert. ●●

Prof. Stelzers grüne Sprechstunde
Gesunde Zimmerpflanzen
Krankheiten erkennen und behandeln. Mit neuem Diagnosesystem.
(**4274**-4) Von Prof. Dr. G. Stelzer, 192 S., 410 Farbfotos, 10 s/w-Zeichnungen, Pappband. ●●●●

Hydrokultur
Pflanzen ohne Erde – mühelos gepflegt.
(**0944**-5) Von H.-A. Rotter, 144 S., 167 Farbfotos, 13 Farbzeichnungen, kart. ●●

Bonsai Japanische Miniaturbäume und Miniaturlandschaften. Anzucht, Gestaltung und Pflege.
(**4091**-1) Von B. Lesniewicz, 160 S., 106 Farbfotos, 46 s/w-Fotos, 115 Zeichnungen, gebunden. ●●●●●

Fibel für Kakteenfreunde
(**0199**-1) Von H. Herold, 102 S., 23 Farbfotos, 37 s/w-Abb., kartoniert. ●

Grzimek Juniors **BUNTE TIERWELT**
(**4295**-7) Von Chr. Grzimek, 208 S., 308 Farbfotos, Pappband. ●●●

Hunde
Rassen · Ausbildung · Pflege · Zucht
(**4118**-7) Von H. Bielfeld, 192 S., 222 Farb- und 73 s/w-Abb., Pappband. ●●●●

Das neue Hundebuch
Rassen · Aufzucht · Pflege
(**0009**-X) Von W. Busack, überarbeitet von Dr. med. vet. A. H. Hacker und H. Bielfeld, 112 S., 8 Farbtafeln, 27 s/w-Fotos, 6 Zeichnungen, kartoniert. ●

Alles über Dackel, Teckel und Dachshunde
(**1079**-6) Von M. Wein-Gysae, 80 S., 46 Farbfotos, 2 zweifarbige Zeichnungen, kart. ●●

Hundeausbildung
Verhalten · Gehorsam · Ausbildung
(**0346**-3) Von R. Menzel, 88 S., 26 Fotos, kartoniert. ●

Grundausbildung für Gebrauchshunde
Schäferhund, Boxer, Rottweiler, Dobermann, Riesenschnauzer, Airedaleterrier, Hovawart und Bouvier.
(**0801**-5) Von M. Schmidt und W. Koch. 104 S., 8 Farbtafeln, 51 s/w-Fotos, 5 s/w-Zeichnungen, kartoniert. ●

Der Hund in der Familie
(**1014**-1) Von J. Werner, 128 S., 106 Farbfotos, kartoniert. ●●

Der Deutsche Schäferhund
(**1091**-5) Von U. Förster, 112 S., 47 Farbzeichnungen, 2 s/w-Fotos, kartoniert. ●●

Der Deutsche Schäferhund
Aufzucht, Pflege und Ausbildung
(**0073**-1) Von A. Hacker, 104 S., 56 Abbildungen, kartoniert. ●

Alles über junge Hunde
(**0863**-5) Von Dr. med. vet. E. M. Bartenschlager, 64 S., 49 Farbfotos, 6 Zeichnungen, kartoniert. ●

Richtige Hundeernährung
(**0811**-2) Von Dr. med. vet. E. M. Bartenschlager, 80 S., 51 Farbfotos, 4 Farbzeichn., kartoniert. ●

Hundekrankheiten
(**1077**-X) Von Dr. med. vet. R. Spangenberg, 96 S., 44 Farb- und 1 s/w-Foto, 22 Farbzeichnungen, kartoniert. ●●

Von Ajax bis Zamperl
Die beliebtesten Hunde-Namen
(**1174**-1) Von H.-J. Schließke, ca. 80 S., kartoniert. ●

Katzen
Rassen · Verhalten · Pflege · Zucht
(**4158**-6) Von B. Gerber, 176 S., 294 Farb- und 88 s/w-Fotos, Pappband. ●●●●

Das neue Katzenbuch
Rassen · Aufzucht · Pflege.
(**0427**-3) Von B. Eilert-Overbeck, 120 S., 14 Farbfotos, 26 s/w-Fotos, kartoniert. ●

Katzenkrankheiten
erkennen und behandeln
(**1078**-8) Von Dr. med. vet. R. Spangenberg, 104 S., 40 Farbfotos und 11 Farbzeichnungen, kartoniert. ●●

Junge Katzen
(**0862**-7) Von Dr. med. vet. E. M. Bartenschlager, 72 S., 40 Farbfotos, 4 Farbzeichnungen, kartoniert. ●

Pferde
(**4186**-1) Von H. Werner, 176 S., 196 Farb- und 50 s/w-Fotos, 100 Zeichnungen, Pappband. ●●●●

Reiten im Bild
(**0415**-X) Von H. Werner, 128 S., 142 Farbfotos, 107 Farbzeichnungen, kartoniert. ●●

Der Hobby-Imker
(**0978**-X) Von Dr. R. F. A. Moritz, 144 S., 106 zweifarbige Zeichnungen, kartoniert. ●●

Geflügelhaltung als Hobby
(**0749**-3) Von M. Baumeister, H. Meyer, 184 S., 8 Farbtafeln, 47 s/w-Fotos, 15 zweifarbige Zeichnungen, kartoniert. ●●

Sittiche und kleine Papageien
(**0864**-3) Von Dr. med. vet. E. M. Bartenschlager, 88 S., 84 Farbfotos, 9 Zeichnungen, kartoniert. ●

Alles über Wellensittiche
(**1129**-6) Von H. Bielfeld, 64 S., 53 Farbfotos, 3 Zeichnungen, kartoniert. ●●

Alles über Kanarienvögel
(**0901**-1) Von H. Schnoor, 64 S., 58 Farbfotos und Zeichnungen, kartoniert. ●

Die Tiersprechstunde
Artgerechte Vogelfütterung im Winter
(**0908**-9) Von Dr. W. Keil, 64 S., 51 Farbfotos und Zeichnungen, kartoniert. ●

Süßwasser-Aquarium
(**4191**-8) Von H. J. Mayland, 288 S., 564 Farbfotos, 75 Zeichnungen, Pappband. ●●●●●

Die Tiersprechstunde
Gesunde Fische im Süßwasseraquarium
(**1013**-3) Von H. J. Mayland, 96 S., 73 Farbfotos, 10 Zeichnungen, kartoniert. ●

Tiere im Wassergarten
(**0808**-2) Von Dr. med. vet. E. M. Bartenschlager, 96 S., 84 Farbfotos, 7 Zeichnungen, kartoniert. ●●

Die Tiersprechstunde
Alles über Zwerg- und Goldhamster
(**1012**-5) Von M. Mettler, 96 S., 96 Farbfotos, kartoniert. ●

Alles über Chinchillas und Degus
(**1130**-X) Von M. Mettler, 96 S., 80 Farbfotos, 3 Zeichnungen, kartoniert. ●●

Alles über Meerschweinchen
(**0809**-0) Von Dr. med. vet. E. M. Bartenschlager, 72 S., 43 Farbfotos, 11 Farbzeichnungen, kartoniert. ●

Alles über Igel in Natur und Haus
(**0810**-4) Von Dr. med. vet. E. M. Bartenschlager, 68 S., 51 Farbfotos, kartoniert. ●

Alles über Zwergkaninchen
(**1075**-3) Von M. Mettler, 64 S., 52 Farbfotos, kartoniert. ●

Reise

Vom Morgenland ins Reich der Sonnengöttin
Lebensbilder aus dem Nahen und Fernen Osten. (**4449**-6) Von J. Schneider, H. Schoe… 160 S., 266 Farbfotos, 1 farbige Karte, Pappband. ●●●●

Traumreisen
Unterwegs auf den schönsten Straßen der Welt. (**4468**-2) Von T. Pehle, 192 S., 288 Farbfotos, 12 Zeichnungen, Pappband. ●●●●

Streifzüge durch die deutsche Kulturgeschichte
(**4490**-9) Von L. von Saalfeld, Dr. D. Kreidt, U. Stöckel, A. Hürmer, 208 S., über 100 Farbfotos, 52 Lagepläne, Pappband. ●●●

Der Metternich 90/91
Die besten Adressen für Feinschmecker in Deutschland. (**4488**-7) Hrsg. von P. A. Fürst von Metternich-Winneburg, bearbeitet von Arius, 464 S., 366 Farbfotos, 5 Übersichtskarten, Pappband. ●●●●

Berlin
Die neue Metropole
(**1145**-8) Von R. Mader, 96 S., 116 Farbfotos, 15 hist. Landschafts- und Städteabbildungen, 1 Stadtplan, kartoniert. ●●

An der Ostseeküste in Mecklenburg
(**1137**-7) Von R. Mader, 96 S., 94 Farbfotos, 18 hist. Städte- und Landschaftsabbildungen, kartoniert. ●●

Der Thüringer Wald und die Dichterstädte
(**1135**-0) Von R. Mader, 96 S., 95 Farbfotos, 17 hist. Landschafts- und Städteabbildungen, kartoniert. ●●

Der Harz
(**1144**-X) Von R. Mader, 96 S., 100 Farbfotos, 17 hist. Städte- und Landschaftsabbildungen, kartoniert. ●●

Dresden
Barockperle an der Elbe
(**1134**-2) Von R. Mader, 96 S., 97 Farbfotos, 13 hist. Landschafts- und Städteabbildungen, 1 s/w-Foto, 1 aufklappbarer Stadtplan, kart. ●●

Vom Spreewald zur Lausitz
(**1136**-9) Von R. Mader, 96 S., 95 Farbfotos, 11 hist. Landschafts- und Städteabbildungen, 1 Panoramakarte, kartoniert. ●●

FALKEN Video
Reiseziel DDR
(**6061**-0) VHS, ca. 60 Minuten, in Farbe, Kompaktreiseführer mit Panoramakarte im Taschenformat. ●●●●•

FALKEN Video
Reiseziel Berlin
(**6067**-X) VHS, ca. 60 Minuten, in Farbe, Kompaktreiseführer mit Panoramakarte im Taschenformat. ●●●●●•

FALKEN Video
Reiseziel Ostseeküste DDR
(**6062**-9) VHS, ca. 60 Minuten, in Farbe, Kompaktreiseführer mit Panoramakarte im Taschenformat. ●●●●●•

FALKEN Video
Reiseziel USA
Der Südwesten mit LAS VEGAS und den schönsten Sehenswürdigkeiten in den ROCKY MOUNTAINS.
(**6055**-6) VHS, ca. 60 Minuten, in Farbe, Kompaktreiseführer mit Panoramakarte im Taschenformat. ●●●●●•

FALKEN Video
Info-Tour USA
Die Highlights aus dem FALKEN Reiseprogramm New York, Kalifornien, Florida und USA Süd-West.
(**6060**-2) VHS, ca. 30 Minuten, in Farbe. ●•

FALKEN Video
Reiseziel New York
(**6048**-3) VHS, ca. 60 Minuten, in Farbe, mit Begleitbroschüre. ●●●●●•

FALKEN Video
Reiseziel Florida
(**6054**-8) VHS, ca. 60 Minuten, in Farbe, Kompaktreiseführer mit Panoramakarte im Taschenformat. ●●●●●•

FALKEN Video
Reiseziel Kalifornien
San Francisco und die schönsten Ziele in Kalifornien.
(**6049**-1) VHS, ca. 60 Minuten, in Farbe, mit Begleitbroschüre. ●●●●●•

FALKEN Video
Reiseziel Hawaii
(**6063**-7) VHS, ca. 60 Minuten, in Farbe, Kompaktreiseführer mit Panoramakarte im Taschenformat. ●●●●●•

FALKEN Video
Reiseziel Thailand
Exotisches Bangkok, traumhafte Strände, berühmte Tempel und Paläste.
(**6065**-3) VHS, ca. 60 Minuten, in Farbe, Kompaktreiseführer mit Panoramakarte im Taschenformat. ●●●●●•

FALKEN Video
Reiseziel Kanarische Inseln
Schöne Strände, interessante Exkursionen.
(**6065**-5) VHS, ca. 60 Minuten, in Farbe, Kompaktreiseführer mit Panoramakarte im Taschenformat. ●●●●●•

FALKEN Video
Reiseziel Irland
Entdeckungsreise mit Boot und Planwagen, präzise Informationen, praktische Tips.
(**6059**-9) VHS, ca. 60 Minuten, in Farbe, Kompaktreiseführer mit Panoramakarte im Taschenformat. ●●●●●•

FALKEN Video
Reiseziel Norwegen
Rundreise zu den schönsten Fjorden, präzise Informationen, praktische Tips.
(**6058**-0) VHS, ca. 60 Minuten, in Farbe, Kompaktreiseführer mit Panoramakarte im Taschenformat. ●●●●●•

Rat und Wissen

Der gute Ton
in Gesellschaft und Beruf.
(**0063**-4) Von I. Wolter, 80 S., 42 s/w-Fotos, 7 Zeichnungen, kartoniert. ●

Der gute Ton
im Privatleben.
(**1111**-3) Von I. Wolter, bearbeitet von Wolf Stenzel, 104 S., 42 s/w-Abbildungen, kartoniert. ●

Umgangsformen heute
Die Empfehlungen des Fachausschusses für Umgangsformen.
(**4015**-6) 252 S., 108 s/w-Fotos, 17 Zeichnungen, Pappband. ●●●

Benehmen bei Tisch
(**0988**-7) Von I. Cording, 80 S., 90 Farbfotos, 5 s/w-Zeichnungen, kartoniert. ●●

Krawatten
Fliegen, Schals und Tücher gekonnt binden
(**1072**-9) Von Y. Thalheim, H. Nadolny, 48 S., 129 Farbfotos, 1 s/w-Foto, Pappband. ●

Wir heiraten
Ratgeber zur Vorbereitung und Festgestaltung der Verlobung und Hochzeit.
(**4188**-8) Von C. Poensgen, 216 S., 8 s/w-Fotos, 30 s/w-Zeichnungen, 8 Farbtafeln, Pappband. ●●●

Von der Verlobung zur Goldenen Hochzeit
(**0393**-5) Von E. Runge, 112 S., kartoniert. ●

Hochzeits- und Bierzeitungen
Muster, Tips und Anregungen.
(**0288**-2) Von H.-J. Winkler, mit vielen Text- und Gestaltungsanregungen, 116 S., 15 Abb., 1 Musterzeitung, kartoniert. ●

Die Silberhochzeit
Vorbereitung · Einladung · Geschenkvorschläge · Dekoration · Festablauf · Menüs · Reden · Glückwünsche. (**0542**-3) Von K. F. Merkle, 112 S., 41 Zeichnungen, kart. ●

Wie soll es heißen?
(**0211**-4) Von D. Köhr, 136 S., kartoniert. ●

Unsere beliebtesten Vornamen
(**1023**-0) Von A. F. W. Weigel, 160 S., 75 s/w-Fotos, Pappband. ●●

Kindergedichte, Lieder und Sketche für Hochzeitsfeiern
(**1112**-1) Von B. Lins, 72 S., 26 farbige Abbildungen, 15 Lieder, kartoniert. ●

Kindergedichte zur grünen, silbernen und goldenen Hochzeit
(**0318**-8) Von H.-J. Winkler, 104 S., 20 Abb., kartoniert. ●

Kindergedichte für Familienfeste
(**0860**-0) Von B. H. Bull, 96 S., 20 Zeichnungen, kartoniert. ●

Kindergedichte rund ums Jahr
(**1040**-0) Von A. Schweiggert, 80 S., 49 Zeichnungen, 6 Vignetten, kartoniert. ●

Ins Gästebuch geschrieben
(**0576**-8) Von K. H. Trabeck, 96 S., 24 Zeichnungen, kartoniert. ●

Der Verseschmied
Kleiner Leitfaden für Hobbydichter. Mit Reimlexikon.
(**0597**-0) Von T. Parisius, 96 S., 28 Zeichnungen, kartoniert. ●

Die schönsten Volkslieder
(**0432**-X) Hrsg. D. Walther, 128 S., mit Noten und Zeichnungen, kartoniert. ●

Wo man singt...
Lieder aus Deutschland
(**4507**-7) Hrsg. von R. Werion, Prof. H. Rauhe, H. R. Beierlein, 288 S., 217 Farbzeichnungen, Pappband. ●●●

Neue Glückwunschfibel
für groß und klein. (**0156**-8) Von R. Christian-Hildebrandt, 96 S., 13 Vignetten, kartoniert. ●

Großes Buch der Glückwünsche
(**0255**-6) Hrsg. von O. Fuhrmann, 176 S., 77 Zeichnungen und viele Gestaltungsvorschläge, kartoniert. ●●

Verse fürs Poesiealbum
(**0241**-6) Von I. Wolter, 96 S., 20 Abb., kartoniert. ●

Heiter und besinnliche
Verse fürs Poesiealbum
(**1069**-9) Von B. H. Bull, 160 S., 70 zweifarbige Illustrationen, Pappband. ●●

Reden und Ansprachen
für jeden Anlaß. (**4009**-1) Hrsg. von F. Sicker, 454 S., gebunden. ●●●●

Die Kunst der freien Rede
Ein Intensivkurs mit vielen Übungen, Beispielen und Lösungen.
(**4189**-6) Von G. Hirsch, 232 S., 11 Zeichnungen, Pappband. ●●●

Festreden und Vereinsreden
Muster für alle Gelegenheiten
(**0069**-3) Von K. Lehnhoff, E. Ruge, 96 S., kartoniert. ●

Trinksprüche, Gästebuchverse, Richtsprüche
(**0224**-6) Von D. Kellermann, 96 S., kartoniert. ●

Glückwünsche, Toasts und Festreden zur Hochzeit
(**0264**-5) Von I. Wolter, 112 S., 18 Zeichnungen, kartoniert. ●

Reden zur Taufe, Kommunion und Konfirmation
(**0751**-5) Von G. Georg, 96 S., kartoniert. ●

Reden zu Familienfesten
Musteransprachen für viele Gelegenheiten
(**0675**-6) Von G. Georg, 112 S., kartoniert. ●

Reden im Verein
Musteransprachen für viele Gelegenheiten
(**0703**-5) Von G. Georg, 112 S., kartoniert. ●

Reden zum Jubiläum
Musteransprachen für viele Gelegenheiten
(**0595**-4) Von G. Georg, 112 S., kartoniert. ●

Reden und Sprüche zu Grundsteinlegung, Richtfest und Einzug
(**0598**-0) Von A. Bruder, G. Georg, 96 S., kartoniert. ●

Die überzeugende Rede
Mehr Erfolg durch bessere Rhetorik
(**0076**-6) Von K. Wolter, G. Kunz, 96 S., kartoniert. ●

Moderne Korrespondenz
Handbuch für erfolgreiche Briefe
(**4014**-8) Von H. Kirst und W. Manekeller, 544 S., Pappband. ●●●●

Musterbriefe
für alle Gelegenheiten.
(**0231**-9) Hrsg. von O. Fuhrmann, 240 S., kartoniert. ●●

FALKEN-Software
Musterkorrespondenz in Deutsch, Englisch, Französisch, Italienisch, Spanisch
(**7041**-1) Diskette 5 1/4" für IBM-PC + Kompatible, mit Begleitbroschüre. ●●●●●•

(**7051**-9) Diskette 3 1/2" für IBM-PC + Kompatible, mit Begleitbroschüre. ●●●●●•

FALKEN-Software
TEXAD
Das komfortable Korrespondenzprogramm für den privaten und geschäftlichen Bereich
(**7017**-9) 2 Disketten für IBM-PC + Kompatible, 5 1/4", mit Begleitheft, **DM 198,–***, S 1980,-*, SFr 198,–*.
(**7048**-9) Diskette 3 1/2", mit Handbuch. ●●●●●*

(**7049**-7) Demo-Version 5 1/4", o. Handbuch. ●●*

(**7050**-0) Demo-Version 3 1/2", o. Handbuch. ●●*

Privatbriefe
Muster für alle Gelegenheiten. (**0114**-2) Von I. Wolter-Rosendorf, 112 S., kart.●

Erfolgstips für den Schriftverkehr
Briefgestaltung · Rechtschreibung · Zeichensetzung · Stil. (**0678**-0) Von U. Schoenwald, 112 S., kart.●

Geschäftliche Briefe
des Privatmanns, Handwerkers, Kaufmanns (**0041**-3) Von A. Römer, 124 S., kart. ●

Behördenkorrespondenz
Musterbriefe · Anträge · Einsprüche (**0412**-5) Von E.Ruge, 112 S., kart.●

Worte und Briefe der Anteilnahme
(**0464**-8) Von E. Ruge, 96 S., mit vielen Abb., kart. ●

Briefe zu Geburt und Taufe
Glückwünsche und Danksagungen. (**0802**-3) Von H. Beitz, 96 S., 12 Zeichnungen, kart. ●

Briefe zum Geburtstag
Glückwünsche und Danksagungen. (**0822**-8) Von H. Beitz, 104 S., 22 Zeichnungen, kart. ●

Briefe der Liebe
Anregungen für gefühlvolle und zärtliche Worte. (**0903**-8) Hrsg. von H. Beitz, 96 S., 4 Zeichnungen, kart. ●

Erziehungsgeld, Mutterschutz, Erziehungsurlaub
Das neue Recht für Eltern
(**0835**-X) Von J. Grönert, 144 S., kart. ●

Liebe ja – Ehe nein
Die nichteheliche Lebensgemeinschaft (**1071**-0) Von T. Drewes, 104 S., 8 s/w-Zeichnungen, kartoniert. ●

Scheidung und Unterhalt
nach dem neuen Eherecht.
(**0403**-6) Von T.Drewes, 112 S., mit Kosten und Unterhaltstabellen, kart. ●

Testament und Erbschaft
Erbfolge, Rechte und Pflichten der Erben, Erbschafts- und Schenkungssteuer, Mustertestamente. (**4139**-X) Von T. Drewes, R. Hollender, 304 S., Pappband. ●●●

Der letzte Wille
Ratgeber für Erblasser, Erben und Hinterbliebene in Rechts-, Versorgungs- und Steuerfragen (**0939**-9) Von T. Drewes, 136 S., 9 s/w-Zeichnungen, kart. ●●

Mietrecht
Leitfaden für Mieter und Vermieter
(**0479**-6) Von J. Beuthner, 196 S., kart. ●●

Präzise Ratschläge für **Ihre optimale Rente**
Vorbereitung · Berechnungsgrundlagen · Gesetzesänderungen · Individuelle Rechenbeispiele. (**0806**-6) Von K. Möcks, 96 S., 24 Formulare, 1 Graphik, kart. ●

Haushaltstips praktisch und umweltfreundlich
(**1046**-X) Von K. Winkell, 96 S., 36 Zeichnungen, kartoniert. ●

Haushaltstips von A – Z
(**0759**-0) Von A. Eder, 80 S., 30 Zeichnungen, kartoniert. ●

Der Umweltfahrplan
Ein praktischer Ratgeber für Haushalt und Familie
(**1103**-2) Von K. Riedesser, hrsg. von der Aktionsgemeinschaft Umwelt, Gesundheit, Ernährung e. V., Hamburg, 144 S., 34 s/w-Zeichnungen, kart. ●

Wege zum Börsenerfolg
Aktien · Anleihen · Optionen
(**4275**-2) Von H. Krause, 252 S., 4 s/w-Fotos, 86 Zeichnungen, Pappband. ●●●●

FALKEN-Software
Börsenfieber
Spielend spekulieren mit Geld und Aktien
(**7016**-0) IBM-PC und Kompatible, Diskette 5 1/4", mit Begleitheft, ●●●●●*

(**7026**-8) für C 64/C 128 PC, mit Begleitheft
(**7027**-6) für Atarai ST 520/1040, mit Begleitheft
(**7028**-4) für Amiga, mit Begleitheft
(**7044**-6) für IBM PC + Kompatible, Diskette 3 1/2" , mit Begleitheft.

FALKEN-Software
Börsenfieber
Über 100 neue Ereignisse
(**7066**-7) Diskette 5 1/4" für IBM-PC + Kompatible, mit Begleitbroschüre. ●●●*
(**7067**-5) Diskette 3 1/2" für IBM-PC + Kompatible, mit Begleitheft. ●●●*

FALKEN-Software
Broker King
Cash und crash an der Terminbörse. Mit Warentermingeschäft und Optionshandel
(**7057**-8) Diskette 5 1/4" für IBM-PC + Kompatible, mit Begleitbroschüre. ●●●●● *

(**7058**-6) Diskette 3 1/2" für IBM-PC + Kompatible, mit Begleitbroschüre. ●●●●●*

Richtige Groß- und Kleinschreibung
durch neue, vereinfachte Regeln. Erläuterungen der Zweifelsfragen anhand vieler Beispiele.
(**0897**-X) Von Prof. Dr. Ch. Stetter, 96 S., kart. ●

Gutes Deutsch schreiben und sprechen
(**4432**-1) Von W. Manekeller, Dr. G. Reinert-Schneider, 416 S., durchgehend zweifarbig, Pappband. ●●●●

Mehr Erfolg in der Schule
Deutsche Rechtschreibung und Grammatik
Übungen und Beispiele für die Klassen 5-10.
(**4407**-0) Von K. Schreiner, 256 S., durchgehend zweifarbig, Pappband. ●●●●

Richtiges Deutsch Rechtschreibung · Zeichensetzung · Grammatik · Stilkunde.
(**0551**- 2) Von K. Schreiner, 128 S., 7 Zeichnungen, kart. ●

Besseres Deutsch
Mit Übungen und Beispielen für Rechtschreibung, Diktate, Zeichensetzung, Aufsätze, Grammatik, Literaturbetrachtung, Stil, Briefe, Fremdwörter, Reden.
(**4115**-2) Von K. Schreiner, 444 S., 7 s/w-Fotos, 27 Zeichnungen, Pappband. ●●●

Richtige Zeichensetzung
durch neue, vereinfachte Regeln. Erläuterungen der Zweifelsfragen anhand vieler Beispiele.
(**0744**-4) Von Prof. Dr. Ch. Stetter, 160 S., kart. ●

Diktate besser schreiben
Übungen zur Rechtschreibung für die Klassen 4 bis 8
(**0469**-9) Von K. Schreiner, 152 S., 31 Zeichnungen, kartoniert. ●●

Deutsche Grammatik
Ein Lern- und Übungsbuch
(**0704**-3) Von K. Schreiner, 122 S., kart. ●

Aufsätze besser schreiben
Förderkurs für die Klassen 4 – 10
(**0429**-X) Von K. Schreiner, 144 S., 31 Abb., kartoniert. ●●

Mehr Erfolg in der Schule
Der Deutschaufsatz
Übungen und Beipiele für die Klassen 5-10.
(**4271**-X) Von K. Schreiner, 240 S., 4 s/w-Fotos, 51 Zeichnungen, Pappband. ●●●

Mehr Erfolg in der Schule
Deutsch
Textinterpretation, Literaturgeschichte und Stilkunde
(**4483**-6) Von K. Schreiner, 272 S., 43 zweifarbige Zeichnungen, Pappband. ●●●●

Mehr Erfolg in der Schule **Mathematik 1**
Arithmetik und Algebra. Übungen, Beispiele und Lösungen für die Klassen 5 bis 10.
(**4420**-8) Von R. Müller-Fonfara, 256 S., 193 Zeichn., 2 s/w-Fotos, Pappband. ●●●

Mehr Erfolg in der Schule
Mathematik 2
Geometrie, Statistik, Wahrscheinlichkeitsrechnung und kaufmännisches Rechnen
(**4456**-9) Von R. Müller-Fonfara, W. Scholl, 256 S., 6 s/w-Fotos, 304 Zeichnungen, Pappband. ●●●

Mathematische Formeln für Schule und Beruf
Mit Beispielen und Erklärungen.
(**0499**-0) Von R. Müller-Fonfara, 156 S., 210 Zeichnungen, kart. ●

Schülerlexikon der Mathematik
Formeln, Übungen und Begriffserklärungen für die Klassen 5 – 10
(**0430**-3) Von R. Müller-Fonfara, 176 S., 96 Zeichnungen, kart. ●

Mathematik-Textaufgaben leicht gelöst
Aufgaben · Lösungsstrategien · Anwendungsbeispiele
(**1022**-2) Von R. Müller-Fonfara, 128 S., 4 Zeichnungen, kartoniert. ●●

Rechnen aufgefrischt für Schule und Beruf.
(**0100**-2) Von H. Rausch, 144 S., kart. ●

FALKEN-Software
Wirtschaftsrechnen in Beruf und Alltag
(**7037**-3) Diskette für IBM-PC und Kompatible, mit Begleitheft. ●●●●●*

Mehr Erfolg in der Schule
Physik
Mechanik · Wärmelehre · Optik · Elektrizität · Atomphysik
(**4448**-8) Von Dr. T. Neubert, 240 S., 219 Zeichnungen, Pappband. ●●●●

Physik verständlich
Förderkurs für die Klassen 7 bis 10
(**0926**-7) Von Dr. Th. Neubert, 136 S., 146 s/w-Zeichnungen, 166 Aufgaben, kart. ●●

Besseres Englisch
Grammatik und Übungen für die Klassen 5 bis 10.
(**0745**-0) Von E. Henrichs, 144 S., kart. ●●

Mehr Erfolg in der Schule
Englische Grammatik
Regeln und Übungen für die Klassen 5 bis 13
(**4431**-3) Von E. Henrichs-Kleinen, 256 S., durchgehend zweifarbig, Pappband. ●●●

FALKEN-Software
Business English for Secretaries
Lernen und üben in berufsbezogenen Situationen (**7035**-7) Diskette 5 1/4" für IBM-PC + Kompatible, mit Begleitbroschüre. ●●●●●*

(**7059**-4) Diskette 3 1/2" für IBM-PC + Kompatible, mit Begleitbroschüre. ●●●●●*

FALKEN-Software
The Grammar-Master
Englische Grammatik üben und beherrschen
(**7002**-0) Diskette für den C 64/C 128 PC ●●●*

(**7030**-6) Diskette für IBM-PC + Kompatible, mit Begleitheft. ●●●●● *

(**7031**-4) Diskette für Atari ST 520/1040, mit Begleitheft. ●●●●● *

(**7032**-2) Diskette für Amiga, mit Begleitheft. ●●●●●*

FALKEN-Software
Vokabeltrainer Englisch
Von B. Hoppius. (**7001**-2) 2 Disketten für C 64/C 128 PC mit Begleitheft. ●●●●●*

(**7007**-1) Wendediskette für Atari ST 520/ 1040, mit Begleitheft. ●●●●●*

(**7034**-9) Diskette 5 1/4" für IBM-PC + Kompatible, mit Begleitheft. ●●●●●*

(**7084**-5) Diskette 3 1/2" für IBM-PC + Kompatible, mit Begleitheft. ●●●●●*

FALKEN-Software
Vokabeltrainer Französisch
Über 2000 Vokabeln und Redewendungen frei erweiterbar
(**7018**-7) Systemdiskette u. Wendediskette für C 64/C 128 PC, mit Begleitheft, (**7019**-5) Diskette 5 1/4" für IBM-PC und Komp., mit Begleitheft. ●●●●●*

FALKEN-Software
Je finis, tu finis ... maitrisez la grammaire française
Französische Grammatik lernen und beherrschen
(**7053**-5) Diskette 5 1/4" für IBM-PC + Kompatible, mit Begleitbroschüre. ●●●●●*

(**7069**-1) Diskette 3 1/2" für IBM-PC + Kompatible, mit Begleitbroschüre. ●●●●●*

FALKEN-Software
Le monde des affaires en français
Wirtschaftsfranzösisch leicht gelernt
(**7064**-3) Diskette 5 1/4" für IBM-PC + Kompatible, mit Begleitbroschüre. ●●●●●*

(**7068**-3) Diskette 3 1/2" für IBM-PC + Kompatible, mit Begleitbroschüre. ●●●●●*

Besseres Französisch
Grammatik und Übungen für die Klassen 9 bis 11
(**1039**-7) Von R. Lübke, 114 S., durchgehend zweifarbig, kartoniert. ●●

FALKEN-Software
Vokabeltrainer Italienisch
Über 2000 Vokabeln und Redewendungen frei erweiterbar.
(**7065**-9) Diskette 5 1/4" für IBM-PC + Kompatible, mit Begleitbroschüre. ●●●●●*

(**7064**-0) Diskette 3 1/2" für IBM-PC + Kompatible, mit Begleitbroschüre. ●●●●●*

FALKEN-Software
Vokabel Trainer Latein
Über 2000 Vokabeln und Redewendungen frei erweiterbar
(**7022**-5) Von B. Hoppius, Wendediskette für C 64/C 128 PC, mit Begleitheft. ●●●●●*

(**7033**-0) Diskette 5 1/4" für IBM-PC + Kompatible, mit Begleitheft. ●●●●●*

(**7085**-3) Diskette 3 1/2" für IBM-PC + Kompatible, mit Begleitheft. ●●●●●*

Schnell und sicher zum Führerschein
Tips und Tricks aus 30jähriger-Fahrschul-Praxis.
(**0921**-6) Von O. Einert, 152 S., 156 Farbfotos, 161 z. T. farb. Zeichnungen, kart. ●●

FALKEN-Software
Schnell und sicher zum Führerschein
Intensivtraining mit dem amtlichen Fragenkatalog
(**7024**-1) Diskette für Atari ST 520/1040, mit Begleitheft. ●●●●● *
(**7029**-2) Diskette für Amiga, mit Begleitheft. ●●●●●*

Erfolgreiche Bewerbung um einen Ausbildungsplatz
(**0715**-9) Von H. Friedrich, 128 S., kart. ●

Bewerbungsstrategien
Erfolgreiche Konzepte für Karrierebewußte
(**1027**-3) Von Dr. W. Reichel, 128 S., kartoniert. ●●

Karriereplanung mit System
Bewerbungsstrategien für erfolgsorientierte Frauen
(**4455**-0) Von R. Ibelgaufts, 144 S., 20 Cartoons, Pappband. ●●

Die Bewerbung
Der moderne Ratgeber für Bewerbungsbriefe, Lebenslauf und Vorstellungsgespräche.
(**4138**-1) Von W. Manekeller, 264 S., Pappband. ●●●

Die erfolgreiche Bewerbung
Bewerbung und Vorstellung
(**0173**-8) Von W. Manekeller, U. Schoenwald, 144 S., kartoniert. ●●

Lebenslauf und Bewerbung
Beispiele für Inhalt, Form und Aufbau
(**0428**- 1) Von H. Friedrich, 112 S., kart. ●

Erfolgreiche Bewerbungsbriefe und Bewerbungsformen
(**0138**-X) Von W. Manekeller, U. Schoenwald, 88 S., kart. ●

Vorstellungsgespräche
sicher und erfolgreich führen.
(**0636**-5) Von H. Friedrich, 144 S., kart. ●

Keine Angst vor Einstellungstests
Ein Ratgeber für Bewerber.
(**0793**-6) Von Ch. Titze. 120 S., 67 Zeichnungen, kart. ●

FALKEN-Software
Einstellungstests
(**7013**-6) Von B. Hoppius, Wendediskette für C 64/C 128 PC, mit Begleitheft. ●●●● *

Die ersten Tage am neuen Arbeitsplatz
Ratschläge für den richtigen Umgang mit Kollegen und Vorgesetzten
(**0855**-4) Von H. Friedrich, 104 S., kart. ●

Zeugnisse im Beruf
richtig schreiben, richtig verstehen
(**0544**-X) Von H. Friedrich, 112 S., kart. ●

So lernt man leicht und schnell
Maschinenschreiben
Lehrbuch für Schulen, Lehrgänge und Selbstunterricht. (**0568**-7) Von M. Kempkes, 112 S., 48 Zeichnungen, kart. ●●

FALKEN-Software
Maschinenschreiben und Tastaturtraining für Computer
(**7009**-8) Von B. Hoppius, Diskette 5 1/4" u. 3 1/2" für IBM-PC + Kompatible, mit Begleitheft. ●●●●●*

Maschinenschreiben im Selbstunterricht
(**0170**-3) Von A. Fonfara, 88 S., kart. ●

Buchführung leicht gemacht
Ein methodischer Grundkurs für den Selbstunterricht. (**4238**-8) Von D. Machenheimer, R. Kersten, 252 S., Pappband. ●●●●

Buchführung leicht gefaßt
Für Handwerker, Gewerbetreibende und freiberuflich Tätige. (**0127**-4) Von R. Pohl, 104 S., kart. ●

Stenografie leicht gelernt
im Kursus oder Selbstunterricht
(**0266**-1) Von H. Kaus, 64 S., kart. ●

Gitarre spielen
Ein Grundkurs für den Selbstunterricht
(**0534**-2) Von A. Roßmann, 96 S., 1 Schallfolie, 150 Zeichnungen, kart. ●●●

Das große Buch der
Antworten auf Kinderfragen
(**4477**-1) Von H. Hofmann, U. Kopp, G. Jankovics u. a., 192 S., 308 Farbzeichnungen, Pappband. ●●●

Das neue, farbige
Jugendlexikon
(**4472**-0) Von J. Frey, D. Rex, 304 Seiten, 269 Farb- u. 52 s/w-Fotos, 6 Farbzeichn., Pappband. ●●●

Das große farbige Kinderlexikon
(**4195**-0) Von U. Kopp, 320 S., 493 Farbabb. 17 s/w-Fotos, Pappband. ●●●

Die Faszination der Philatelie
Briefmarken sammeln
(**4273**-6) Von D. Stein, 212 S., 124 s/w-Fotos, 24 Farbtafeln, Pappband. ●●●

Briefmarken sammeln
(**0481**-8) Von D. Stein, 120 S., 4 Farbtafeln, 98 s/w-Abbildungen, kartoniert. ●

Pfeiferauchen leicht gemacht
Die richtige Art, Tabak zu genießen
(**1026**-5) Von O. Pollner, 112 S., 125 Farbfotos, 5 zweifarbige-Abb., kart. ●●

Umweltschutz
Das Öko-Testbuch zur Eigeninitiative
(**4160**-8) Von M. Häfner, 352 S., 411 Farbfotos, 152 Farbzeichnungen, Pappband. ●●●●

Münzen
Ein Brevier für Sammler.
(**0353**-6) Von E. Dehnke, 128 S., 4 Farbtafeln, 17 s/w-Abb., kart. ●●

Astronomie im Bild
Unser Sternenhimmel rund ums Jahr
(**0849**-X) Von Dr. E. Übelacker, 88 S., 48 Farbfotos, 1 s/w-Foto, 68 Farbzeichn, kart. ●●

Astronomie als Hobby
Sternbilder und Planeten erkennen und benennen.
(**0572**-5) Von D. Block, 176 S., 16 Farbtafeln, 49 s/w-Fotos, 93 Zeichnungen, kart. ●●

Die Handschrift als Spiegel des Charakters
Graphologie
(**1025**-7) Von Dr. W. Busch, 104 S., 87 Schriftproben, kartoniert. ●

Familienforschung · Ahnentafel · Wappenkunde
Wege zur eigenen Familienchronik
(**0744**-2) Von P. Bahn, 128 S., 8 Farbtafeln. 30 Abbildungen, kart. ●●

Familienforschung und Wappenkunde
(**4485**-2) Von P. Bahn, 224 S., 114 zweifarbige Abbildungen, Pappband. ●●●●

Wie Sie im Schlaf das Leben meistern
Schöpferisch träumen
Der Klartraum als Lebenshilfe
(**4258**-2) Von Prof. D. P. Tholey, K. Utecht. 280 S., 1 s/w-Foto, 20 Zeichn., Pappband. ●●●

Traumdeutung
Die Bildersprache unserer Traumwelt entschlüsseln
(**4486**-0) Von G. Fink, 384 S., 74 zweifarbige Fotos, Pappband. ●●●●

Wahrsagen mit Tarot-Karten
(**0482**-6) Von E. J. Nigg, 112 S., 52 s/w-Abb., Pappband. ●

Die 12 Tierzeichen
Chinesisches Horoskop
(**0423**-0) Von G. Haddenbach, 88 S., kartoniert. ●

Die 12 Sternzeichen
Charakter, Liebe und Schicksal.
(**0385**-4) Von G. Haddenbach, 136 S., kart. ●●

Partnerschaftshoroskop
Glück und Harmonie mit Ihrem Traumpartner.
(**0587**-3) Von G. Haddenbach, 112 S., 11 Zeichnungen, kart. ●

Im Zeichen der Sterne
(**0951**-8) Der feurige Widder
(**0952**-6) Der willensstarke Stier
(**0953**-4) Die vielseitigen Zwillinge
(**0954**-2) Der feinfühlige Krebs
(**0955**-0) Der königliche Löwe
(**0956**-9) Die zuverlässige Jungfrau
(**0957**-7) Die charmante Waage
(**0958**-5) Der leidenschaftliche Skorpion
(**0959**-3) Der temperamentvolle Schütze
(**0960**-7) Der treue Steinbock
(**0961**-5) Der selbstbewußte Wassermann
(**0962**-3) Die romantischen Fische
Von G. Haddenbach, 64 S., 35 Farbfotos, Pappband. ●

Humor und Unterhaltung

Heitere Vorträge
(**0528**-8) Von E. Müller, 128 S., 14 Zeichnungen, kart. ●

So feiert man Feste fröhlicher
Heitere Vorträge und Gedichte
(**0098**-7) Von Dr. Allos, 96 S., 15 Abb., kart. ●

Heitere Vorträge und witzige Reden
Lachen, Witz und gute Laune
(**0149**-5) Von E. Müller, 104 S., 44 Abb., kart. ●

Da lacht das Publikum
Neue lustige Vorträge für viele Gelegenheiten.
(**0716**-7) Von H. Schmalenbach, 96 S., kart. ●

Gereimte Vorträge
für Bühne und Bütt.
(**0567**-9) Von G. Wagner, 96 S., kart. ●

Narren in der Bütt
Leckerbissen aus dem rheinischen Karneval.
(**0216**-5) Zusammengestellt von T. Lücker, 112 S., kart. ●

Damen in der Bütt
Scherze, Büttenreden, Sketche
(**0354**-4) Von T. Müller, 136 S., kart. ●

Wir feiern Karneval
Festgestaltung und Reden für die närrische Zeit.
(**0904**-6) Von M. Zweigler, 120 S., 7 Zeichnungen, kart. ●

Helau und Alaaf 1 Närrisches aus der Bütt.
(**0304**-8) Von E. Müller, 112 S., 4 Zeichnungen, kart. ●

Helau und Alaaf 2
Neue Büttenreden für Sie und Ihn
(**0477**-X) Von E. Luft, 96 S., kart. ●

Helau und Alaaf 3
Neue Reden für die Bütt.
(**0832**-5) Von H. Fauser, 112 S., 13 Zeichnungen, kart. ●

Helau und Alaaf 4
Neue Büttenreden für Sie und Ihn
(**0983**-6) Hrsg. H. Fauser, 96 S., 15 s/w-Zeichn., zahlreiche Vignetten, kart. ●

Sketche und Blackouts zum Nachspielen
(**0941**-0) Von E. Cohrs, 112 S., 12 Zeichnungen, kart. ●

Vorhang auf!
Neue Sketche für jung und alt.
(**0898**-8) Von H. Pillau, 96 S., 22 Zeichnungen, kart. ●

Witzige Sketche zum Nachspielen
(**0511**-3) Von D. Hallervorden, 112 S., kart. ●●

Tolle Sketche
mit zündenden Pointen – zum Nachspielen.
(**0656**-X) Von E. Cohrs, 112 S., kart. ●

Vergnügliche Sketche
(**0476**-1) Von H. Pillau, 96 S., 7 Zeichn., kart. ●

Lustige Sketche
Kurze Theaterstücke für Jungen und Mädchen
(**0669**-1) Von U. Lietz, U. Lange, 96 S., kart. ●

Spielbare Witze für Kinder
(**0824**-4) Von H. Schmalenbach, 112 S., 30 Zeichnungen, kart. ●

Die besten Beamtenwitze
(**0574**-1) Von W. Pröve, 80 S., 39 Zeichnungen, kart. ●

Witzig, witzig
(**0507**-5) Von E. Müller, 128 S., 16 Zeichnungen kart. ●

Die besten Kinderwitze
(**0757**-4) Von K. Rank, 112 S., 28 Zeichnungen, kart. ●

Lach mit!
Witze für Kinder, gesammelt von Kindern.
(**0468**-0) Von W. Pröve, 96 S., 17 Zeichnungen, kart. ●

Spiele und Denksport

Neues Buch der siebzehn und vier Kartenspiele
(**0095**-2) Von K. Lichtwitz, 96 S., kart. ●

Alles über Pokern
Regeln und Tricks.
(**2024**-4) Von C. D. Grupp, 112 S., 29 Kartenbilder, kart. ●

Romme' und Canasta
in allen Variationen.
(**2025**-2) Von C. D. Grupp, 88 S., 24 Zeichnungen, kart. ●

Doppelkopf, Schafkopf, Binokel, Cego, Tarock und andere Stammtischspiele.
(**2015**-5) Von C. D. Grupp, 112 S., kart. ●

Black Jack
Regeln und Strategien des Kasinospiels.
(**2032**-3) Von K. Kelbratowski, 88 S., kart. ●

Spielend Skat lernen
unter freundlicher Mitarbeit des Deutschen Skatverbandes.
(**2005**-8) Von Th. Krüger, 120 S., 181 s/w-Fotos, 22 Zeichn., kart. ●

Patiencen
In Wort und Bild. (**2003**-1) Von I. Wolter-Rosendorf, 120 S., kart. ●

Neue Patiencen
(**2036**-8) Von H. Sosna, 160 S., 43 Farbtafeln, kart. ●●

Falken-Handbuch **Bridge**
Von den Grundregeln zum Turnierspiel.
(**4092**-X) Von W. Voigt und K. Ritz, 280 S., 792 Zeichnungen, gebunden. ●●●●

Spielend Bridge lernen
(**2012**-0) Von J. Weiss, 96 S., 58 Zeichnungen, kart. ●

Präzisions-Treff im Bridge
(**2037**-6) Von E. Jannersten, 152 S. kart. ●●

Spieltechnik im Bridge
(**2004**-X) Von V. Mollo und N. Gardener, deutsche Adaption von D. Schröder, 152 S., kart. ●●●

Neue Kartentricks
(2027-9) Von K. Pankow, 104 S., 20 Abb., kart. ●

Das japanische Brettspiel Go
(**2020**-1) Von W. Dörholt, 104 S., 182 Diagramme, kart. ●

Mah-Jongg
Das chinesische Glücks-, Kombinations- und Gesellschaftsspiel. (**2030**-9) Von U. Eschenbach, 80 S., 30 s/w-Fotos, 5 Zeichn., kart. ●

Backgammon
für Anfänger und Könner. (**2008**-2) Von G. W. Fink und G. Fuchs, 104 S., 41 Abb., kart. ●

Das Backgammon-Handbuch
(**4422**-4) Von E. Heyken, M. B. Fischer, 232 S., 400 Abbildungen, Pappband. ●●●●

Würfelspiele
für jung und alt. (**2007**-4) Von F. Pruss, 112 S., 21 s/w-Zeichnungen, kart. ●

Roulette richig gespielt
Systemspiele, die Vermögen brachten.
(**0121**-5) Von M. Jung, 96 S., zahlreiche Tabellen, kart. ●

Spiele für Party und Familie
(**2014**-7) Von Rudi Carrell, 80 S., 22 Zeichnungen, kart. ●

Neue Spiele für Ihre Party
(**2022**-8) Von G. Blechner, 120 S., 54 Zeichnungen, kartoniert. ●

Lustige Tanzspiele und Scherztänze
für Partys und Feste.
(**0165**-7) Von E. Bäulke, 80 S., 53 Abb., kart. ●

Das Spiel mit der Schwerkraft
Jonglieren
Mit Bällen, Keulen, Ringen und Diabolo.
(**1009**-5) Von S. Peter, 80 S., 149 Farbfotos, kartoniert. ●●

Magische Zaubereien
(**0672**-1) Von W. Widenmann, 64 S., 31 Zeichnungen, kart. ●

Zaubern
einfach – aber verblüffend.
(**2018**-X) Von D. Bouch, 84 S., 41 Zeichnungen, kart. ●

Scherzfragen, Drudel und Blödeleien
gesammelt von Kindern.
(**0506**-7) Hrsg. von W. Pröve, 80 S., 57 Zeichnungen, kart. ●

Kinderspiele
die Spaß machen.
(**2009**-0) Von H. Müller-Stein, 104 S., 28 Abb., kart. ●

Kinderspiele mit Buchstaben und Wörtern
(**1041**-9) Von Dr. U. Vohland, 96 S., 53 Zeichnungen, kartoniert. ●

Spiel und Spaß am Krankenbett
für Kinder und die ganze Familie.
(**2035**-X) Von H. Bücken, 96 S., 97 Zeichnungen, kart. ●

Spiele im Freien
(**2038**-4) Von G. Wagner, 88 S., 20 zweif. Zeichnungen, kartoniert. ●

Spiel und Spaß zu Hause
(**2039**-2) Von U. Geißler, 80 S., 90 zweifarbige Abbildungen, kart. ●

Spiel und Spaß auf Reisen
Für Kinder und die ganze Familie
(**1085**-0) Von U. Geißler, 80 S., 107 zweifarbige Zeichnungen, kart. ●

Guten Tag, Kinder!
Neue Texte mit Spielanleitungen fürs Kasperletheater. (**0861**-9) Von U. Lietz, 96 S., 18 s/w-Zeichnungen, kart. ●

Kasperletheater
Spieltexte und Spielanleitungen · Basteltips für Theater und Puppen.
(**0641**-1) Von U. Lietz, 114 S., 4 Farbtafeln, 12 s/w-Fotos, 39 Zeichnungen, kart. ●

Kindergeburtstage, die keiner vergißt
Planung, Gestaltung, Spielvorschläge.
(**0698**-5) Von G. und G. Zimmermann, 104 S., 80 Vignetten, kart. ●

Kindergeburtstag
Vorbereitung, Spiel und Spaß.
(**0287**-4) Von Dr. I. Obrig, 136 S., 40 Abb., 11 Zeichnungen, 9 Lieder mit Noten, kart. ●

Unvergeßliche Kinderfeste
Tolle Dekorationen, Spiele, Sketche für drinnen und draußen
(**4457**-7) Von Dr. G. Hennekemper, 192 S., 111 Farbfotos, 214 Farb- und 14 s/w-Zeichnungen, 4 Seiten Schnittmuster, Pappband. ●●●

Knobeleien und Denksport
(**2019**-8) Von K. Rechberger, 142 S., 105 Zeichnungen, kart. ●

Das Super-Kreuzwort-Rätsel-Lexikon
Über 150.000 Begriffe.
(**4279**-5) Von H. Schiefelbein, 688 S., Pappband. ●●

Computerbücher und Software

FALKEN Computer Lexikon
(**4185**-3) 312 S., 173 s/w-Fotos, Pappband. ●●●

Computer-Grundwissen
Eine Einführung in Funktion und Einsatzmöglichkeiten. (**4359**-7) Von Chr. T. Wolff, 176 S., 193 Farb- und 12 s/w-Fotos, 37 Computergrafiken, kartoniert. ●●● (**4358**-9) Pappband. ●●●●

Daten-Fernübertragung
Vom Akustikkoppler bis zum lokalen Netzwerk
(**4325**-2) Von P. C. den Heijer, R. Tolsma, 272 S., zahlreiche Abb., kartoniert. ●●●●●

Microsoft Excel
Tabellenkalkulationen, Geschäftsgrafik und Datenbank im Selbststudium für alle Versionen bis 2.1. Mit Tutor-Diskette.
(**4333**-3) Von P. Vogel, M. Hofmann, 176 S., 112 zweifarbige Abb., kartoniert. ●●●●●

Desktop Publishing: Typografie und Layout
Seiten gestalten am PC · für Einsteiger und Profis
(**4330**-9) Von Dr. H. D. Baumann, M. Klein, 320 S., zahlreiche zweifarbige Abb., Pappband. ●●●●●

Einführung in Pascal
Garantiert Pascal lernen durch schrittweise Erarbeitung
(**4329**-5) Von R. Röder, 270 S., durchgehend zweifarbig, Pappband. ●●●●●

Einführung in C
(**4336**-8) Von A. Janka, P. Welzig, 270 S., zahlreiche Abbildungen, mit Begleitdiskette 5 1/4", Pappband. ●●●●●

PC HELP!
CONFIG.SYS und AUTOEXEC. BAT
Optimale Systemkonfiguration
(**4338**-4) Von A. Görgens, 64 S., ca. 50 s/w-Abbildungen und Grafiken, kartoniert. ●●

PC HELP!
DOS-Kommandos richtig nutzen
(**4339**-2) Von A. Görgens, 64 S., ca. 50 s/w-Abbildungen und Grafiken, kartoniert. ●●

PC HELP!
Dateien retten mit Norton Utilities und PC-Tools
(**4340**-6) Von A. Görgens, 64 S., ca. 50 s/w-Abbildungen und Grafiken, kartoniert. ●●

PC HELP!
Batch-Dateien – DOS-Abläufe selber festlegen
(**4341**-4) Von A. Görgens, 64 S., ca. 50 s/w-Abbildungen und Grafiken, kartoniert. ●●

PC HELP!
Word – Serienbriefe
(**4342**-2) Von P. Vogel, 64 S., ca. 50 s/w-Abbildungen und Grafiken, kartoniert. ●●

PC HELP!
Geschäftsgrafiken mit Lotus 1-2-3
(**4343**-0) Von P. Vogel, 64 S., ca. 50 s/w-Abbildungen und Grafiken, kartoniert. ●●

PC HELP!
Die ersten Schritte mit dem PC
(**4344**-9) Von P. Vogel, H. Ebsen, 64 S., ca. 50 s/w-Abbildungen und Grafiken, kart. ●●

PC HELP!
Mehr Speicher unter DOS nutzen
(**4345**-7) Von K. O. Kuhl, 64 S., ca. 50 s/w-Abbildungen und Grafiken, kartoniert. ●●

PC HELP!
Viren erkennen und beseitigen
(**4346**-5) Von M. Hofmann, 64 S., ca. 50 s/w-Abbildungen und Grafiken, kartoniert. ●●

PC HELP!
dBASE-Relationen richtig nutzen
(**4347**-3) Von M. Hofmann, 64 S., ca. 50 s/w-Abbildungen und Grafiken, kartoniert. ●●

PC HELP!
Termine steuern mit FRAMEWORK III
(**4348**-1) Von M. Hofmann, 64 S., ca. 50 s/w-Abbildungen und Grafiken, kartoniert. ●●

PC HELP!
Listendruck mit dBASE und kompatiblen Programmen
(**4349**-X) Von M. Hofmann, 64 S., ca. 50 s/w-Abbildungen und Grafiken, kartoniert. ●●

FALKEN Software
Einstellungstets
Die optimale Vorbereitung für Bewerber
(**7013**-6) Wendediskette für C 64/C 128 PC, mit Begleitheft. ●●●●*

FALKEN Software
Schnell und sicher zum
Führerschein
Intensivtraining mit dem amtlichen Fragenkatalog
(**7024**-1) für Atari ST 520/1040, mit Begleitheft. ●●●●●*
(**7029**-2) f. Amiga, mit Begleitheft. ●●●●●*

FALKEN Software
Maschinenschreiben und Tastaturtraining für Computer
(**7009**-8) Von B. Hoppius, Diskette 5 1/4" u. 3 1/2" für IBM PC + Kompatible, mit Begleitheft. ●●●●●*

FALKEN Software
Musterkorrespondenz in Deutsch, Englisch, Französisch, Italienisch, Spanisch
(**7041**-1) Diskette 5 1/4" für IBM-PC + Kompatible, mit Begleitbroschüre. ●●●●●*
(**7051**-9) Diskette 3 1/2" für IBM-PC + Kompatible, mit Begleitbroschüre. ●●●●●*

FALKEN Software
TEXAD
Text- und Adressenverwaltung
Mit Musterbriefen und Formularen für den privaten und geschäftlichen Bereich
(**7017**-9) für IBM-PC und Kompatible, Disk, 5 1/4", mit Begleitheft. ●●●●●*
(**7048**-9) Diskette 3 1/2", mit Handbuch. ●●●●●*
(**7049**-7) Demo-Version 5 1/4", ohne Handbuch. ●●*
(**7050**-0) Demo-Version 3 1/2", ohne Handbuch. ●●*

FALKEN Software
DOS-Tutor
DOS lernen, üben und beherrschen
(**7020**-9) Diskette 5 1/4" für IBM PC + Kompatible, mit Begleitheft. ●●●●●*
(**7021**-7) Diskette 3 1/2" für IBM PC + Kompatible, mit Begleitheft. ●●●●●*

FALKEN Software
Wirtschaftsrechnen in Beruf und Alltag.
(**7037**-3) Diskette für IBM PC + Kompatible, mit Begleitheft. ●●●●●*

FALKEN Software
Vokabeltrainer Englisch
Über 2000 Vokabeln und Redewendungen
(**7001**-2) Disk. für C 64/C 128 PC, mit Begleitheft ●●●●●*
(**7007**-1) Disk. für Atari ST 520/1040, mit Begleitheft. ●●●●●*

FALKEN Software
Take a Trip to Britain
Spielend Englisch lernen mit dem Computer
(**7004**-7) Diskette für C 64/C 128 PC, mit Begleitheft. ●●●●*
(**7039**-X) Diskette 5 1/4" für IBM-PC + Kompatible, mit Begleitheft. ●●●●●*

FALKEN Software
The Grammar Master
(**7002**-0) Diskette für C 64/C 128 PC, mit Begleitheft. ●●●●*
(**7030**-6) für IBM PC + Kompatible, mit Begleitheft. ●●●●●*
(**7031**-4) für Atari ST 520/1040, mit Begleitheft. ●●●●●*
(**7032**-2) für Amiga, mit Begleitheft. ●●●●●*

FALKEN Software
From Coast to Coast
Travelling through the USA
(**7040**-3) Diskette 5 1/4" für IBM-PC + Kompatible, mit Begleitbroschüre. ●●●●●*
(**7061**-6) Diskette 3 1/2" für IBM-PC + Kompatible, mit Begleitbroschüre. ●●●●●*

FALKEN Software
Vokabeltrainer Französisch
Über 2000 Vokabeln und Redewendungen frei erweiterbar.
(**7018**-7) Systemdisk. + Wendedisk. für C 64/C 128 PC, mit Begleitheft. (**7019**-5) Disk. für IBM-PC + Kompatible, mit Begleitheft. ●●●●●*

FALKEN Software
Je finis, tu finis ... maîtrisez la grammaire française
Französische Grammatik lernen und beherrschen
(**7053**-5) Diskette 5 1/4" für IBM-PC + Kompatible, mit Begleitbroschüre. ●●●●●*
(**7069**-1) Diskette 3 1/2" für IBM-PC + Kompatible, mit Begleitbroschüre. ●●●●●*

FALKEN Software
Le monde des affaires en français
Wirtschaftsfranzösisch leicht gelernt
(**7054**-3) Diskette 5 1/4" für IBM-PC + Kompatible, mit Begleitbroschüre. ●●●●●*
(**7068**-3) Diskette 3 1/2" für IBM-PC + Kompatible, mit Begleitbroschüre. ●●●●●*

FALKEN Software
Vokabeltrainer Italienisch
Über 2000 Vokabeln und Redewendungen frei erweiterbar.
(**7065**-9) Diskette 5 1/4" für IBM-PC + Kompatible, mit Begleitbroschüre. ●●●●●*
(**7064**-0) Diskette 3 1/2" für IBM-PC + Kompatible, mit Begleitbroschüre. ●●●●●*

FALKEN Software
Vokabeltrainer Latein
Über 2000 Vokabeln und Redewendungen frei erweiterbar.
(**7022**-5) Von B. Hoppius, 2 Wendedisketten für C 64/C 128 PC, mit Begleitheft.
(**7033**-0) Diskette für IBM-PC + Kompatible, mit Begleitheft. ●●●●●*

FALKEN Software
Börsenfieber
Spielend spekulieren mit Geld und Aktien
(**7016**-0) für IBM PC + Kompatible, Diskette 5 1/4", mit Begleitheft. ●●●●●*
(**7026**-8) für C 64/C 128 PC mit Begleitheft,
(**7027**-6) für Atari ST 520/1040, mit Begleitheft, ●●●●●*
(**7028**-4) für Amiga, mit Begleitheft. ●●●●●*
(**7044**-6) für IBM PC + Kompatible, Diskette 3 1/2", mit Begleitheft. ●●●●●*
(**7038**-1) für C 64/128 C Kassette, mit Begleitheft, ●●●●*

FALKEN Software
Börsenfieber
Über 100 neue Ereignisse
(**7066**-7) Diskette 5 1/4" für IBM-PC + Kompatible, mit Begleitbroschüre. ●●●*
(**7067**-5) Diskette 3 1/2" für IBM-PC + Kompatible, mit Begleitbroschüre. ●●●*

FALKEN Software
Broker King
Cash und crash an der Terminbörse
(**7057**-8) Diskette 5 1/4" für IBM-PC + Kompatible, mit Begleitbroschüre. ●●●●●*
(**7058**-6) Diskette 3 1/2" für IBM-PC + Kompatible, mit Begleitbroschüre. ●●●●●*

Video

Hobby Aquarellmalen
Landschaft und Stilleben
(**6022**-X) VHS, 40 Min., in Farbe, mit Begleitheft. ●●●●*

Hobby Ölmalerei
Landschaft und Stilleben
(**6025**-4) VHS, 40 Min., in Farbe, mit Begleitheft. ●●●●*

Basteln mit Kindern
(**6041**-6) VHS, 60 Min., in Farbe, mit Vorlagen in Originalgröße, mit Begleitheft. ●●●*

Die Modelleisenbahn
Anlagenbau in Modultechnik
(**6028**-9) VHS, 30 Min., in Farbe. ●●●●*

Fit und Gesund
Körpertraining und Bodybuilding zu Hause
(**6013**-0) VHS, 30 Min., in Farbe, mit Begleitheft. ●●●●*

Golf
(**6053**-X) VHS, 60 Min., in Farbe, mit Begleitheft. ●●●●●*

Pflanzenjournal
Blumen- und Pflanzenpflege im Jahreslauf
(**6036**-X) VHS, 30 Min., mit Begleitheft. ●●●●*

Schnitt und Pflege von Bäumen und Sträuchern
(**6050**-5) VHS, 45 Min., in Farbe, mit Begleitheft. ●●●●*

Aktfotografie
Gestaltung/Technik/Spezialeffekte
Interpretationen zu einem unerschöpflichen Thema
(**6001**-7) VHS, 60 Min., in Farbe, mit Begleitheft. ●●●●●*

Videografieren
Technik/Bildgestaltung/Schnitt/Vertonung, Filmen mit Video 8
(**6031**-9) VHS,
60 Min., in Farbe, mit Begleitheft. ●●●●●*

Videografieren perfekt
Profitricks für Aufnahmetechnik und Nachbearbeitung
(**6042**-4) VHS, (**6043**-2) Beta, (**6044**-4) Video 8, 60 Min., in Farbe, mit Begleitheft. ●●●●●*

Streicheleinheiten für Körper und Seele
Partnermassage
(**6051**-3) VHS, 45 Min., in Farbe, mit Begleitheft. ●●●●●*

Reiseziel **New York**
Die schönsten Sehenswürdigkeiten, präzise Informationen, praktische Tips
(**6048**-3) VHS, 60 Min., in Farbe, mit Begleitheft. ●●●●●*

Reiseziel **Kalifornien**
San Franzisko und die schönsten Ziele in Kalifornien.
Präzise Informationen und praktische Tips
(**6049**-1) VHS, 60 Min., in Farbe, mit Begleitbroschüre. ●●●●●*

Reiseziel **Florida**
(**6054**-8) VHS, 60 Min., in Farbe, mit Begleitheft. ●●●●●*

Reiseziel **Hawaii**
Das Paradies im Stillen Ozean
(**6063**-7) VHS, ca. 60 Min., in Farbe, Timecode, Kompaktreiseführer mit Panoramakarte im Taschenformat. ●●●●●*

Info-Tour USA
Die Highlights aus dem FALKEN Reiseprogramm
(**6060**-2) VHS, 30 Min., in Farbe, mit Begleitheft. ●*

Reiseziel **USA**
(**6055**-6) VHS, 60 Min., in Farbe, mit Begleitheft. ●●●●●*

Reiseziel **Irland**
(**6059**-9) VHS, 60 Min., in Farbe, mit Begleitheft. ●●●●●*

Reiseziel **Norwegen**
Rundreise zu den schönsten Fjorden, präzise Informationen, praktische Tips.
(**6058**-0) VHS, ca. 60 Min., in Farbe, Timecode, Kompaktreiseführer mit Panoramakarte im Taschenformat. ●●●●●*

Reiseziel **Kanarische Inseln**
Schöne Strände, interessante Exkursionen
(**6064**-5) VHS, ca. 60 Min., in Farbe, Timecode, Kompaktreiseführer mit Panoramakarte im Taschenformat. ●●●●●*

Reiseziel **Thailand**
(**6065**-3) VHS, ca. 60 Min., in Farbe, Timecode, Kompaktreiseführer mit Panoramakarte im Taschenformat. ●●●●●*

Reiseziel **Berlin**
Kultur, Shopping, Erlebnis
(**6067**-X) VHS, ca. 60 Min., in Farbe, Timecode, Kompaktreiseführer mit Panoramakarte im Taschenformat. ●●●●●*

Körpersprache
verstehen und deuten
(**6046**-7) VHS, 60 Min., in Farbe, mit Begleitheft. ●●●●●*

Das erfolgreiche Vorstellungsgespräch
(**6047**-5) VHS, 60 Min., in Farbe, mit Begleitheft. ●●●●●*

Bestellschein

Erfüllungsort und Gerichtsstand für Vollkaufleute ist der jeweilige Sitz der Lieferfirma. Für alle übrigen Kunden gilt dieser Gerichtsstand für das Mahnverfahren. Falls durch besondere Umstände Preisänderungen notwendig werden, erfolgt Auftragserledigung zu dem bei der Lieferung gültigen Preis.

Ich bestelle hiermit aus dem Falken-Verlag GmbH, Postfach 1120, D-6272 Niedernhausen/Ts., durch die Buchhandlung:

____

Ex. ____________________

Ex. ____________________

Ex. ____________________

Ex. ____________________

Name: __________ Datum: __________

Straße: __________

Ort: __________ Unterschrift: __________

Die hier vorgestellten Bücher, Videokassetten und Software sind in folgende Preisgruppen unterteilt:

● Preisgruppe bis DM 10,–/S 79,–/SFr 10,–
●● Preisgruppe über DM 10,– bis DM 20,–, S 80,– bis S 160,–, SFr 10,– bis SFr 20,–
●●● Preisgruppe über DM 20,– bis DM 30,–, S 161,– bis S 240,–, SFr 20,– bis SFr 29,–
●●●● Preisgruppe über DM 30,– bis DM 50,–, S 241,– bis S 400,–, SFr 29,– bis SFr 48,–
●●●●● Preisgruppe über DM 50,–/S 401,–/SFr 48,–
*(unverbindliche Preisempfehlung)

Die Preise entsprechen dem Status beim Druck dieses Verzeichnisses (s. Seite 1) – Änderungen, im besonderen der Preise, vorbehalten –

Falken-Verlag GmbH · Postfach 1120 FALKEN **D-6272 Niedernhausen/Ts. · Tel.: 06127/7020**